六歳以前から成人までの自慰の継続

田井中太

序章（概要）

私は幼少（六歳以前）から今まで自慰を続けてきました。

幼少（六歳以前）から自慰を続けてもそれによって問題が生じた、生じなかったという対比がでると考えます。

この本では幼少の自慰が「問題が生じる自慰」と「問題が生じない自慰」とに分かれることを示します。自慰を継続させてこなかった方、自慰を継続しても問題が生じなかった方には、問題が生じた方への理解が少しでも生まれることを期待します。

自慰を継続させて苦しんでいる方、苦しんだ方には同じ境遇、経験を歩んだ者がいると知ってもらえればと考えます。そしてこの本を見て「自分もそのことを発信しよう」と思っていただければ幸いと考えます。

六歳以前の保育所の頃から自慰をしていました。そのことを今も覚えています。そこから起こった害と、その自慰の対処、対策について主観で記していきます。

内容は否定の言葉がいくらでも出てくるものとなっています。二十歳くらいの頃に心理学関係の書籍（フロイトとアドラーの著書とほか）に何冊か目を通しています。すでに今の時点でそれに影響されて記憶を捏造しただけとか。幼少の頃の記憶などあてにならないとか。生まれついての害を持つ自分を受け入れられないから環境という要因を捏造することで慰めたいだけだとか。他にもまだまだ出てくるかと考えます。

それ以前に主観と感覚での記述でしかありません。それを分かった上で、一貫性を欠くことにつながる内容、確実性がないことを示す内容、身バレがあった場合、自分と近親を現実で貶めてしまうことにつながる内容、そういった都合の悪い情報も何もかも、余さずありのまま全て記します。

内容は性的で、同じ経験をしていない方には嫌悪感を抱かせるだけのものとなるかもしれませんが、それらを煽る意図は一切ありません。加えて文章力もないので、分かりづらくて気持ち悪い内容になっているとは思います。途中まで読んでやめるということになるかもしれないとは思いますが、忍耐が許すならこの気持ちの悪い、理解し難い存在を理解などできないということを理解していただけたら幸いです。

男性の視点からですので、女性の自慰の継続で問題が生じた方が共感できない点があるかもしれません。

一切心理学的、専門的な記述はしませんし、そんな記述で内容を埋められるだけの知識もありません。ですので経験と思考、もっている限りの情報から記しますし、そうするしかできません。

私

男性。二十八歳、フリーター。十五歳と数か月で強迫性神経症と診断。現在家族とは絶縁に近い状態、ＳＮＳを連絡手段として残しており、身内の訃報程度はとどく。一度の挿入の経験はあり、ただし射精はしなかった素人童貞。

ゲラ刷り後、原稿を書き終えて提出した後、知人にすすめられ、内容が明確ではない「知人の友人がタイで開発したというＨＨＣＯ七十五パーセント」を吸飲、経験してしまいました。生まれてからこの本を書き終わるまで一切薬物には手を出しておらず、この本は薬物を一切使用せず書いたものです。ゲラ刷り後に書き加えさせていただいたのはこの五行のみです。

近親、家

父が難聴。両親、叔父叔母、祖父祖母は全員が健常（私見で奇異、病的な傾向がなく社会に問題なく溶け込める状態）。弟と妹は健常に成長。妹が幼少からの自慰をしていたことを考えさせる記憶あり。母方のいとこの五人兄弟のうち一人が自閉症、その他四人は健常。父方のいとこの二人は健常。

自営業を営む裕福な家庭。仕事とは別に布教所としての立場もあった。両親、祖父母との二世帯同居。親戚との交流あり。祝い事となると親族と宗教関係者が集まる。

目次／六歳以前から成人までの自慰の継続

第一章　六歳以前の自慰とその継続

自慰の継続についてどう感じるでしょうか

六歳以前の自慰と聞いてどのように感じるでしょうか。気持ち悪い、興味がない、笑いの種、重大な問題といったように感覚は人それぞれと考えます。そもそも六歳以前の子供が自慰などするのかと感じる方もいると思いますが、実は珍しいことでもなんでもありません。それどころか赤子でもする行為です。もしかしたら親に自慰をしていたかと聞けばしていたと答える場合があるかもしれません。この赤子の自慰は五、六歳くらいに自然と消えるものである場合がほとんどで、その場合は何の異常も起こらないと言われています。ですが、六歳を過ぎても自慰をしていた場合、害が生じた方、生じなかった方という対比が生じると考えます。

問題が生じる自慰の継続の発生

六歳以前の自慰の記憶が残っています。六歳以前の私は危険に敏感となること、自分の生に需要がある存在と認識（以後生の需要の認識と記します）すること、自分が成果を成せると認識すること、これらの感覚と認識によって意識が過活性、過敏、鮮明となりながら自慰をしていました。この記憶から、私の自慰はこれらの感覚、認識によって生じたと感じます。そしてそれが事実と考えています。

例えで表しますと死んではいけない立場の王様です。王様が些細な危険行為をすると周囲がその度に過敏にその危険に反応します。それによって王様は些細な危険を危険、危険を大きな危険と認識すること（以後危険の過大な認識と記します）となります。それは危険を過大に認識し、見積もるということ、つまり危険への過敏な感覚をもつということです。この過敏な感覚が意識を過敏、鮮明とします。

王様は役目を成せる者、成す者と周囲から言われ続けてそう認識することで、求めれば成果を成せると感じることで欲求を強め、意識が活発となり、鮮明となります。その鮮明な意識が快楽を欲しがり、その欲しがった記憶を鮮明な意識が記憶します。

欲求と感覚は生きるための意識の機能です。自己の生の需要を認識することで欲求が大きくなり、意識が活性化し、感覚が敏感となります。危険の過大な認識によって、感覚がより敏感となります。成果を成せるという認識によって、欲求を発生させて何かを成すことができると認識することで欲求が強まり、さらに意識の活動が活性化します。

これらによって意識が過活性、過敏、鮮明となり、この過活性、敏感となった意識が快感を求めることで性的情動と性的感性が強まり、鮮明となった意識から想像が生じ、強烈な性的情動と想像をともなう自慰が生じます。それに鮮明となった意識による忌避、抵抗が生じ、性的情動と想像と抵抗を伴う自慰となり、そして鮮明となった意識がこの自慰の記憶と強烈な快楽を記憶し、この性的情動と想像と抵抗を伴う自慰の継続が生じます。

時期がおおまかにわかる最初の記憶は、二歳年の離れた誕生日の近い弟が白いバスケットに入った赤子だったころ、つまり二歳と少しくらいの頃、弟の頬にキスをした記憶が薄く残っています。

父と母は関係が険悪で、母は険悪な関係から逃げるように私に意識を注ぎ、過保護にしていました。それによって私は自分の生に需要があると感じるようになり、同時に過剰な危険への反応を受けることで危険の過大な認識が刷り込まれました。

交流のある親戚と宗教関係者、同居する祖父母は私を常に跡取りとして扱い、肩書で褒めそやし（以後、祀り上げと記します）ました。これにより自分が成果を成せる者であり、生に需要がある者と認識し、意識が鮮明となりました。この際、偉くなる者という自己認識と大事を成す者という自己認識が成立します。また、この祀り上げで母親がさらに意識を注ぐようになり、過保護が強まりました。

自分以外の記憶の残り方など分かりませんが、私は意識が形成される時期が一般よりも早いのかもしれません。これがいわゆる生まれつきの早熟というものにあたり、それが単純に意識を早期に活性化させるものであるとして、それが二歳の記憶を残したり、自慰を発生させたとも考えられ、私の自慰の際の記憶の中の「認識による活性化」はその早熟とともに起きていただけのものでしかないとも考えられます。

ただ、危険の過大な認識による危険への過敏、自分が成果を成せる者、生に需要がある者と認識することで意識が鮮明となっていたのは確かです。意識が鮮明となる前の記憶など鮮明にはないので主観的な感覚と思考でしかありませんが、私はこれらを認識することで意識が鮮明となることが記憶が残る前でも起き、意識が鮮明となって幼少の記憶が残るようになったと考えています。要は二歳の記憶が残るようになったこと、六歳以前の自慰の発生、早熟自体も後天的にこれらの認識によって早期に意識が活性化、鮮明となることで生じたと考えているということです。

過保護の定義

生の需要の認識と危険の過大な認識を生じさせた、意識が過敏、過活性、鮮明となることに大きく関与している過保護ですが、過保護と一言で言っても、どの程度、何をすれば過保護なのかが明確ではありません。私が受けていた過保護は、中学までは門限が五時までだったこと。破れば叱責がとぶこと。喧嘩をしてけがをして帰った時、私が転んだだの何だのとごまかそうとしても、相手を聞き出して喧嘩をした相手の家に連絡をいれたことなどです。これらは過保護ということが分かるだけで、明確な基準などありません。

ですが、危険の過大な認識を最も強く生じさせた明確な要素はあります。それは母から発せられる、危険への過剰な反応の際の声です。ひっ迫しているような、身を重んじるような「あー」という高い声が、危険ではないような危険の際に発せられる度、危険ではないような些細な危険を危険と認識しました。先述した内容も明確に過保護ですが、最も記憶に深くこびりついているのはこの声です。

幼少の自慰の感覚と成長に伴う性的変化

『序章（概要）』で記した通り、余さずありのまま全て記します。

自慰をしている時、頭がどうかするほどの気持ちの良さでした。今まで私が感じてきた快楽の中で、それ以外の快楽など比較対象にもならない快楽です。

本当なら忘れ去られるべき記憶であるのにその道理を覆してしまうほどの快楽を、私は幼い頃から繰り返し味わっていました。自慰と余韻の最中は頭が真っ白になるというよりも、白い靄がかかり、意識の機能を制限してしまっているという感覚がしていました。

射精ができない間でも、睾丸を刺激して股間、睾丸と鼠径部あたりに血が流れるような、ジーンとした感覚とともに快楽が生じていました。基本は床ズリで、睾丸に手を添え、睾丸と睾丸の裏当たりを収縮させることを意識し、睾丸を揉んで、なでながら血が流れるように感じることで快楽を感じます。このように快楽を高め、そのあとトイレで小便をしてさらに快楽を生じさせたりもしていました。幼少の頃ほどこの小便で快楽を感じることが多かったように感じます。この睾丸を刺激する自慰は陰茎を刺激する一般的に想像しやすい自慰とは違い、受け身な、抱かれるという感覚、想像を生じさせます。

射精のような、出すような感覚はありませんがその感覚、快楽は射精が伴う快楽と比べても全く劣っていない、紛れもない性的感覚、快楽でした。

達する際は射精のような達するという表現の感覚ではなく、どちらかというとジーンとした感覚が高まるといった感覚だったように感じます。その後の性的欲求の減退も、射精のような達した瞬間からの急降下とは違い、高まってからの安定といった感覚だったように感じます。

幼少の頃この睾丸を刺激する自慰の際に勃起していたか否か、それがわかる記憶が残っていません。幼少から勃起していたようにも感じるのですが、記憶が摩耗しすぎて判然としません。小五から中学あたりはまだ睾丸を刺激する自慰をしており、その際に勃っていたと感じます。この幼少の自慰の際、刺激するのは成人男性のように陰茎ではなく、睾丸、その周辺です。この際の快楽の感覚、量は、陰茎をしごく自慰とは大きく異なります。陰茎をしごくことで射精に至る自慰に切り替わっていったのは中学の頃からで、完全に切り替わったのは高校一年の頃です。

中学の頃に陰茎を刺激する自慰に切り替わっていった理由は二つあります。一つは射精までの高まりという快楽が生じるようになったことで、睾丸中心の自慰より快楽の大きさが小さくとも、陰茎を刺激してその快楽で満足とはいかずとも、かろうじてその快楽で妥協できるようになったからです。もう一つは次の節で述べます。

幼少期の自慰の際、何も考えずにただ触るのではなく、想像と共に自慰をしていました。その想像の内容は、幼子である自分が成人女性、あるいは母に体を重ねてこすり合わせ、縋り付いて小便を出してしまうというものでした。性器への挿入の想像はしていなかったと感じます。布団の中で保育園のスモッグを着て自慰をしていた頃、その想像と共に自慰をしていました。

私は親に隠れて自慰をしていましたが、親はおそらく私の自慰に気づいていました。親は私の自慰を注意することはありませんでしたが、活性化し、鮮明となった意識は指摘されずとも、自分が異常だ、自慰が忌避すべき行為だということを理解していました。この忌避は強い精神的負荷を私に生じさせていました。これによって意識がさらに鮮明となりました。

「そんなことを幼子がするなどあり得ない」「そんな幼子がいてたまるか」

そう考えるかもしれませんが、少なくとも私はそれを経験してきています。また、私の自慰とは違う、自分が幼子の時にしていたかもしれない正常な自慰行為にすら驚きや異常であるような感覚を感じてしまうという方は、その時点でその異常の認識に正当性がないと考えます。

精通前も鈴口にシミは作っていました。何歳で精通したかが明確にわかる記憶はありません。ただ、パンツをブリーフからトランクスに変えたのが小学五、六年くらいで、その両方に射精している記憶はあります。感覚でのあたりづけでしかありませんが、小学四、五年生の頃とあたりをつけます。

睾丸中心の自慰の頻度は成長とともに減っていきました。中学三年の最後の頃にはほとんど睾丸中心の自慰をしなくなっていたように感じます。ですが、頻度は減っても中学までは睾丸中心の自慰をやめ切れてはいませんでした。

勃起をした状態で、家族の前で「天狗ー」と言って遊んでいた記憶があります。その勃起は成人の大きさと言っていい程度（記憶の目線と体格が違うため不確かですが、太さが三から四センチ、長さが九から十三センチくらい）のものでした。この際の母親の反応は「ハイハイ着替えて」と言っていた程度だったように感じます。

性に忌避が生じているならそんなことは行わないと考えるかもしれませんが、勃起自体に忌避感がなければその遊びは生じます。自慰は明確に異常と認識していても、性的情動以外にも勃起は生じるため、勃起には必ず性的感覚が伴うわけではありません。睾丸中心の自慰の際に勃起していようがいまいがその頃の私にとって、勃起は自慰のような忌避する性そのものというわけではありませんでした。そうして勃起自体に異常であるという認識、性的忌避がなく、風呂と風呂上がりの勃起の際にこの遊びは生じていました。

これも時期が明確ではない記憶ですが、言動と行動の幼さ、それに反して体は成長しているという感覚から小学三年から小学四年の頃とあたりをつけます。いつ頃やめたのか、いつ頃にはやっていなかったのかがわかる記憶は残っていません。記憶に残る年齢ごとの言動と態度の感覚から、小六か中学一の中盤にはもうしていなかったのではないかと考えます。

乳飲み子のような存在という自己認識と無力感

この幼子の想像をともなった自慰は、経験してきた快楽の中で他の快楽など比較にならないほどの快楽でした。酒もたばこも、他の遊びも、この快楽に比べれば極々小さなものでしかありません。そしてその快楽を幼少の多感な時期に味わうことで、その快楽はその際の想像と思考を意識の深層に刻み付けることとなります。

既述したように、私の自慰の際の想像の内容は、幼子である自分が母または成人女性と体を重ねるというものでした。その内容となるのは私にとっては必然でした。

私は同居する祖母ですら性的な対象として見てしまっていました。それほどまでに性的感性が過剰に機能していました。そんな私にはその自慰の想像の中の相手である母と成人女性は性的にも、能力的にも、包容力的にも魅力的な存在と見え、情事を行う対象に適していました。同世代も自慰の性的情動を向ける対象にはなりましたが、成熟した女性の方を自慰の対象にすることが圧倒的に多かったです。そして成人女性は身近な存在であり、周囲、日常生活にいくらでもいました。

性的な想像をするにしても、自分の存在を全く別の存在に変えることを幼子である私はしませんでした。そして幼い自己と成熟した大人の女性の間に性的興奮を覚える、睾丸中心の抱かれるという感覚が生じる自慰を行うと、幼い保護されるような乳飲み子のような存在である自分が自分とは比べものにならない力をもつ女性と抱き合い、女性から快楽を与えられるという内容となります。

この本の内容は幼子の頃からの自慰の継続についてですが、自慰自体が問題なのではありません。自慰に性的情動が伴うこと、そこに生じさせる想像の中でどのような対象にどのようにされるか、その性的自慰、想像に忌避感を抱くこと、抵抗することが問題となります。

この性的情動と想像を伴う自慰と、それによる何も成せない乳飲み子のようであるという自己認識を、鮮明な意識と偉くなる者、大事を成す者という自己認識（生に需要がある、何かをなす役目をもつものという認識）が反発し、忌避することとなります。この忌避は自分が宇宙人のように感じ、その忌避する行動をしている自分が親に毒を盛られて殺されることを想定するほどでした。この忌避によって快楽を味わわないようにしようとしますが、自慰をやめることは深く刻まれた快楽によって難しくなっています。その結果、この自慰を忌避しながらも行い、想像の中で女性からの快楽を忌避し、抵抗するという一連の流れができます。

この流れの想像の中で成人女性に体を重ねることで、自分は乳飲み子のような存在であると感じることとなります。それは乳飲み子のような有力ではない無力な者という自己認識であり、想像を伴う自慰はその認識とともに快楽を生じさせ、この想像と共に生じる快楽が忌避、抵抗を無力化します。そして無力化された無力な乳飲み子のような存在という認識が生じることとなります。その忌避、抵抗感が大きく、抵抗すればするほどその抵抗を乳飲み子のように扱われ、無力化されることで抵抗する自己の無力感と背徳的快楽は大きくなることとなります。

そしてその性的自慰と無力な存在という認識に対して、鮮明となった意識、大事を成す者であるという自己認識から自慰への忌避を感じることとなります。

自己認識を成育させようとする自然な意識の傾向が、自己認識が生育するごとに大きくなり、忌避感、抵抗感が増し、無力感が増していきます。この自己認識を成育させようとする意識の傾向は生の需要の認識によっても強化されます。この乳飲み子のようであるという認識、無力感、それらと自慰に対する強烈な忌避感が意識に後述する問題を生じさせることとなります。

前の節の中学の頃から自慰の際に刺激する対象が睾丸中心から陰茎中心に変化していった理由のもう一つは、睾丸中心の自慰をすると無力な乳飲み子のようであるという認識があまりに連想によって強く生じてしまうからです。それは中学生という肩書にも中学という場にもそぐわなさ過ぎました。そこで射精の快楽で何とか妥協が可能だったため、連想を防ぐために陰茎中心の自慰に変更していきました。少しは連想が生じますがそれでも睾丸中心の自慰と比べればまだましでした。

中学の頃から想像の内容をこの乳飲み子のように無力化される内容から変えていきました。自然な性交の内容に近づけようとする意図もありましたが、想像での無力感を感じないようにしなければならない、しようという無力感への忌避と意図がありました。それを実際に行えたのは、射精感による睾丸中心の自慰からの変更、妥協が可能となったこと、性的知識、体の成長と勃起によって成人の性交という想像の選択肢が追加されたこと、これらの要素が成長とともに生じたからです。

それまでは無力感を忌避しようが快楽が大きすぎるため自慰をやめることもできず、睾丸中心の抱かれるような想像での自慰をしていました。「小便を出してしまう」という内容は残っていたかどうかが忘却が進んでいますが、感覚的には残っていたように感じます。その頃までに私がした想像の内容の変更と言えばせいぜい「乳飲み子のような」から「乳飲み子のようであるという連想が伴う自分の年恰好の矮小な子供」に変えたことくらいでした。また、睾丸中心の自慰だけでも乳飲み子のようであるという連想が生じるので、それも乳飲み子のようであるという認識を生じさせ続けました。

中学の頃、想像の内容を挿入して女性を抱く、一般的に想像しやすい情事の内容に変えていきましたが、その内容に近づいても、女性に抱きつかれる、攻められる内容が混じったり、時々矮小な自己が女性に圧倒されて無力化されるという内容の想像の自慰をしていました。高校にあがって寮生活をするまでは頻度が減って内容は変わっていっても、完全にやめて、変わってはいませんでした。

誤解のないよう捕捉しますが、私は自慰の際、愉快な感情で睾丸を揉んではいませんでした。忌避感から涙を流しながら行うことなど毎回のことで、その忌避感、抵抗を快楽によって無効にされながら行って、意識を毒され、敗北感、無力感を感じるその様、感覚は、快楽を求める意識、自己、浮かべる想像の女性に誘われて犯されているようでした。『序章（概要）』で述べたように、この本の内容が女性の幼少からの自慰の経験と異なったものとなっているのではないかと考えるのは、自慰の際の想像の内容とそれへの反応が異なるのではないかと考えるからです。

女性がもし母ではなく父、成人男性と性的行為を想像して自慰をするのなら、乳飲み子という想像の内容と全く違う想像が生じると考えます。女性が母、成人女性を想像の対象にしたとしてもそこに男性の、母、成人女性を想像の対象とした自慰と同じ情動、感覚が生じるのかという疑問があります。もし私が父、男性を自慰の想像の対象としていたとしたらどんな感覚になるのか、私には想像がつきません。

睾丸中心の自慰、その想像の抱かれるという感覚に対して私の場合は倒錯の感覚が生じますが、女性の感じる感覚が分かりません。そこに忌避の感覚と背徳的快楽が男性と同じだけ生じるのかがわかりません。女性が抱く想像、感覚を感じた場合は忌避と背徳的快楽は生じるのか、どれだけ生じるのか。それらも分かりません。

女性の自慰の際の感覚はわかりません。ただ、私と同じだけ活性化した鮮明な意識で、同じだけの性的欲求で、同じだけの強烈な性的感覚を味わい、無力な乳飲み子のようであると認識し、それを同じだけ忌避し、同じだけの敗北感、劣等感、無力感を感じ、その快楽が刻みつき、継続すれば問題は誰でも発生すると感じます。

偉くなる者、大事を成す者という自己認識による自慰の継続

『問題が生じる自慰の継続の発生』で記したように偉くなる、大事を成すという自己認識は性的情動と想像と忌避、抵抗を伴う自慰を発生させ、継続を生じさせる要因となったと私は感じています。

偉くなるにも大事を成すにしても、周囲と異なることは歓迎することであるという認識

がありました。この偉くなる、大事を成す者という自己認識に対して、自己が異常であるという認識は強い忌避感をもたらしましたが、同時に自己が他者と違う者であるという認識を生じさせました。自慰の異常は私の偉くなる、大事を成す者という自己認識を達成する、他者と違う者であるための要素でした。その要素を守るために自慰の継続を行う傾向が私に生じました。こうしてこれらの自己認識は性的情動と想像と忌避、抵抗を伴う自慰の発生、自慰への忌避感による自慰の悪化と、この自慰の継続を生じさせました。

これらの自己認識は生の需要の認識と成果を成せるという認識が合わさったものなので、成果を成せる者という認識、有力感を生じさせはしますが、それもこれらの自己認識による忌避、抵抗が伴う自慰での多量の無力感で上書きされてしまいます。今もこれらの自己認識はありますが、刷込まれた無力感を覆せるだけの有力感をもたらすものではありません。

この有力感を生じさせる「成果を成せる者という認識」は、私の自慰の発生と継続の要因の一つを担った以外は生の需要の認識がなければ、偉くなる者、大事を成す者という認識に変化することはなく、何の害も生じないものです。

この成果を成せる者という認識自体が害をもたらすのではありません。害をもたらすのは生の需要の認識、それと危険の過大な認識です。ここからは生の需要の認識と危険の過大な認識の二つを記述する際は「病的認識」と記述します。

この病的認識を生じさせる過保護、意識の傾注、祀り上げの三つを記述する際は「病的干渉」と記述します。この病的干渉は跡取りのような肩書、依存、執着によって生じます。

家庭環境と私の心境

環境は完璧に近いですが、心理描写はただの思考と感覚による記述です。

私は自営業を営む、町で有数程度の裕福な家庭に生まれました。祖父母と両親、兄弟合わせた七人家族でした、家は宗教を信仰していて、自営業の傍ら、布教などしない名ばかりの小さな布教所を営んでいました。親戚との交流があり、お盆や正月などの祝いの日には親戚や宗教関係者あわせて七、八人ほどが集まっていました。宗教行事には宗教関係者が四、五人程度訪れていました。宗教関係者の立場からも私の家はそれなりに親交をもっておきたい家だったと思われます。そこまで大げさな立場でもありませんが、そんな家の長男だった私をその親戚や宗教関係者、共に住む祖父母は跡取りとして扱い続けました。

両親は見合いで結婚しました。布教所とは名ばかりな金持ちの父の側の布教所と、布教所一本の貧しい母の側の布教所とで、母が嫁いだという形です。

父と母は険悪な関係でした。互いに嫌っていたと言っていいです。母から父への嫌悪の方が酷かったように感じます。父の側の布教所はあくまで自営業の傍らで、そこまで力を入れて信仰しているというわけでもなく、祖父と祖母は熱心でしたが、父はあまり熱心というわけではありませんでした。熱心どころか毎日の儀礼すら億劫な様子でした。父は一代で街で有数の金持ち程度の富を築いたため、例え布教所でもその振る舞いが許されていました。

それに対して母の側の布教所は布教所一本の家柄で、その環境がそうさせたのか、とても熱心に信仰していました。想像として分かりやすいのは、職人気質で粗暴で信仰が薄い父と、宗教的な倫理観が強すぎる潔癖な母といった感じでしょうか。そんな二人は明らかに馬が合っていませんでした。私から見て、父からも母からも互いに向ける好意など感じられませんでした。

そんな家庭で母はとても居づらい環境だったのではないかと感じます。嫁ぎ先で父とうまくいかず、毎日自営業で父とともに働き、家事をこなし、家庭内では喧嘩、そうして精神的負荷が溜まっても、それを解消してくれる夫とは険悪で解消ができません。かといって潔癖な倫理観をもち、祖父母という見張りもいる状態では父の稼ぐ金で豪遊もできません。

精神的負荷を軽減させ、その居づらい家庭内での立場を確立させ、状況を快適なものにする残された方法は、精神的負荷の元である父から意識を遠ざけ、子に意識を注ぎ、育てることしかなかったと考えます。また、跡取りという肩書を持ってしまっていたことが、立場の効力と確立の確実さを上げるとともに、意識を注ぐこと、保護することの必要性の認識を過剰にしていたと考えます。

その私の存在、求められたふるまい、あり方がなくては破滅し、周囲も巻き添えを食うのではないだろうかと思わせてきた母の態度は、依存、執着と言えると感じます。

離婚すればよかったと考えるかもしれませんが、それが難しい環境でもあったと考えます。ざっくりとした組織説明となりますが、布教所にはその上に教会があり、その教会が布教所と信者を統括しています。そのさらに上の教会がその教会を統括します。記憶が薄いですが、その上の教会の行事があった時母方の家の方と会っていたように感じます。そうでなくとも周囲から話のタネにされたり、その教会との横のつながり、宗教内でのつながりがあるため離婚してそこで「ハイ終わり」とはいかなかったと考えます。そのためか険悪であるにもかかわらず、物を投げる程度はあっても直接的暴力の記憶が残っていません。

妹の自慰と弟

妹が自慰を行っていた記憶があります。弟にはありません。

弟と妹は私が跡取りという立場をとっていたので、ただの子供として扱われていました。母は弟と妹にも過剰に意識を注いで過保護にしていました。先述したように母と父はいつまでも仲が悪かったので、私と二人への親戚と祖父母の意識の向け方は露骨に違いました。母は常に子供に意識を向ける傾向が生じていました。私と弟と妹は各二歳づつ離れています。

私が零歳から二歳までは過保護と意識の傾注を一人で受けました。次に弟が生まれ、意識を向けられますが、それを零歳から二歳までは私の存在が軽減し、その後妹が生まれて、さらに向けられる意識は分散され、意識の多くを妹が持っていきました。立場的には次男、妹は初の女の子、生まれる時期的にも、恐らく弟にかかる意識が最も薄かったのではないかと考えられます。

私が家と絶縁する二十二歳まで、つまり弟が二十歳まで、妹は十八歳まで、何の害も生じずに健常に成長しているのを確認しています。妹などは平均以上の知能と運動能力を持つように成長しました。

妹の自慰に関する記憶は妹の年齢、いつからいつまでという時期が明確ではありません。ただ、私は高校から、妹が小学六年の時には寮に住んでおり、大学からは下宿住みだったので、そこからは会う機会は極端に制限されます。少なくとも私が高校に入学する前、つまり妹は小学五年以前に自慰を行っていたとあたりを付けることはできます。おぼろげではありますが、その記憶の妹は六歳というには少し大きすぎるように感じます。

記憶ですらありませんが、その自慰は度々行われており、それを見慣れたものと認識していることと、単に幼少から自慰を行っていたと印象づいていることも、その自慰が幼少から継続していたことを考えさせます。

記憶に残っている妹の自慰と、私の自慰には違いがありました。妹は家族のいる居間で床にうつ伏せになり、衣服の上から局部をいじっていました。それは一度ではなく、度々他者がいる状況で行われていました。祖母が妹のうつ伏せの尻を何度か叩いていた記憶があり、それが自慰をしているのを目撃した際にも行われていたかもしれないと考えさせます。

この人前での自慰は私なら絶対に行えません。私は幼少から自慰について一切触れられてきませんでした。干渉されたという認識も、記憶も一切ありません。それでも私は自慰が異常で忌避すべき行為であると認識していたため、絶対に人前で自慰をしようとはせず、親からも隠れて行っていました。

　自慰の際の想像の内容が違うのか、自慰の際に発生する感覚が違うのか、無力感を受容する感性が違うのか、意識の活性が弱く、性的感覚が私ほど強まっていなかったのか、意識が鮮明となる傾向がそこまで生じていなかったため、異常であるという忌避が生じなかったのか、自慰とすら感じていなかったのか、祖母がその際に尻を叩いていた場合、一度目で忌避感が芽生えなかったのか。

　私は女性ではないし、妹でもないのでわかりませんが、妹には私のような六十歳の祖母を性的に見てしまうような性的感性、情動、自分を宇宙人のように感じてしまう異常という感覚、忌避感、そんな忌避する行為を行う自分は親に毒を盛られて殺されると感じるほどの忌避感、これらはなかったと考えます。そしてこれらのように感じる活性化した、性的情動のある過敏で鮮明な意識でもなかったと考えます。私にはそれらの感覚があって忌避が生じないというのは考えられません。

「私と同じで弟も隠れて自慰を継続していたのではないのか。私が確認できていないだけなのではないか」

　そう思われるかもしれません。これに関しても大した証明ではないかもしれませんが、弟と十年ほど、隣か二段ベッドで寝ていても、自慰をしているという認識が私に生じていないことをあげることができます。ちなみに私が二段ベッドの上で、下が弟でした。私に見られることを恐れて自慰をしなかったとも考えられますが、布団に入り、仰向け、あるいはうつ伏せになり、性器がこすれればその感覚だけで始めてしまっていた私からすれば、もし弟も自慰をしていたのなら、十年も共に寝ているのだから、その傾向を感じ取ると考えます。また、後述する私と同じ自慰による問題、害が弟には生じていませんでした。

弟に自慰の発生、継続が生じていなかったとして、弟は生まれつきの早熟でも意識を注がれる傾向が少なかったために自慰、もしくは自慰の継続を免れることができたのか。それとも早熟の傾向をもって生まれなかったから、意識を注がれることなど関係なく免れることができたのか。それとも意識が比較的大きく注がれることがなく、過保護を大きくは受けなかったがために意識が過活性、過敏、鮮明となる傾向が薄くなったのか、自慰もしくは自慰の継続が発生しなかった理由は私にはわかりません。

妹が六歳以前から自慰を継続させていたとして、妹が私と同じ要因から自慰を発生、継続させていた確証もありません。ただ、兄弟妹で最も意識を注がれる傾向が少なかった弟についての記憶と認識だけが自慰をしていたという内容が含まれないことから、兄弟妹三人の自慰の発生と継続のあるなしは病的干渉による意識の活性化という、同じ要因が分けたと私は考えています。身近に生育過程を見てきてそれを自己のものと比較すると、それが要因としか考えられませんでした。

この妹の自慰の記憶と正常に育った例、幼少に人前で自慰をしていて、六歳くらいの頃になってやめたというありきたりな例、ネットでの幼少から自慰をしていても何の害も生じなかったように感じさせる書き込み、私の自慰の経験、幼少から自慰をしていて私と似た症状、思考が生じていると思わせる書き込み、薄れた記憶ですが、今まで読んだ本で幼少からの自慰をしていて私と同じような症状が生じているような例、記述を読んだように感じること、これらから自慰をしていても皆が性別、意識の過活性、過敏、鮮明となっている程度が同じというわけではなく、自慰の際に私と同じ害が生じる性的情動、性的感性、想像、忌避、抵抗を抱いているわけではないこと、それはほぼ間違いない事実であると私は認識しました。

「問題が生じる自慰」と「問題が生じない自慰」、それらを生じさせる「意識の状態」は全くの別物と私は考えます。ここからは問題が生じる自慰「性的情動と想像と忌避、抵抗を伴う自慰」をもたらし、問題を悪化させる病的認識（生の需要の認識と危険の過大な認識）、それをもたらす病的干渉（意識の傾注、過保護、祀り上げ）、それを生じさせる環境、これらの危険性とその問題を示すことを目的として自己の経験、記憶を主観で記します。

第二章　病的自己認識による害

有力感の成育の遅延

大きすぎる快楽は常習性を生じさせます。そしてただでさえ大きな快楽であるのに、その快楽は背徳感でさらに大きな快楽となります。

自慰によって抵抗を無力化された無力な乳飲み子のような者であるという認識、端的に表すと無力感が生じますが、その際、抵抗を乳飲み子扱いによって無力化されるという敗北感を味わうことで快楽が大きくなります。この快楽は忌避感、抵抗感が大きくなればなるほどに大きくなります。同時に自慰への忌避感、抵抗が大きくなればなるほど無力感も増します。

この自慰への忌避感、抵抗には大きく次の三つの種類があります。それらは大事を成す、偉くなるという自己認識、活性化した鮮明な意識によって生じ、その全ての元となる生の需要の認識から生じる意識を矯正する必要性の強い認識、つまりは自己保全で強まります。

「強烈な異常であるという認識、単純で強烈な感覚的忌避感、抵抗」

「自己認識を正常に成育させようとする、意識としての自然な動きの妨害を認識することによる強烈な感覚的忌避感、抵抗」

「乳飲み子のようである自己と周囲への認識の差異、その比較からくる忌避感、抵抗」

これらがそれぞれに干渉し、それぞれを強化させ、混然一体となり、自慰への強烈な忌避感、抵抗を生じさせます。周囲との差異による忌避は小学一年の頃にはあったと感じます。それ以外の二つは物心ついた頃からです。この忌避は小五の頃の性教育による安心で少しの改善がありましたが、自己と周囲への認識の差異の開きと、それによる焦りからくる忌避感、抵抗は増加し続けました。

性教育を受けて少しの軽減しかなかったのは「小五くらいの思春期からの自慰」は正常と言っても、「六歳以前からの自慰」は正常と言わなかったからです。とはいえ、小五からの自慰は正常、つまりはその時期からの自慰は正常な行いであるとともとれるため、そこからの自慰への忌避はほんの少しですが軽減しました。

どの時期の自慰への忌避が最も強かったかと問われて、忌避の強弱を明確に答えられるほどに摩耗なく、記憶が鮮明に残っているわけではありません。ただ一つ明確に言えるのは、乳飲み子のようであるという認識を生じさせる自慰の快楽とそれへの忌避、抵抗は、六歳以前から中学三年まで、一貫して強烈だったということです。

この忌避感、抵抗、無力感と劣等感、敗北感が生じ、自分の意識が害されている感覚とともに感じる快楽は、今の私が得ている快楽とは比べ物にならない強烈な快楽でした。その快楽が常習性を生じさせます。その常習性のある自慰をする度に激しい抵抗とともに激しい無力感が生じ、その無力感が十年間継続することとなりました。

保育所から小学四年までは性教育がなく、単純な感覚的忌避が軽減されることなくそのまま残っています。睾丸を刺激する自慰のままであり、体も幼い状態であるため、自慰の際の想像の内容が乳飲み子を深く連想させます。また、周囲の成長に伴って周囲への認識と自己の認識の差異が開くことで忌避感、抵抗が増し、敗北感、無力感から強烈な無力感と快楽を感じることとなりました。

二次性徴のはじめ（小学五年から中学まで）の頃は性教育による少しの安心によって単純な忌避感が少し緩和されましたが、それでも緩和どまりでした。睾丸から陰茎への刺激の変化、体の成長、自己認識の周囲への認識との差異による強烈な忌避に伴い、想像の内容と自慰の感覚が成人男性の行為、感覚に近づき、乳飲み子であるという連想から少しずつ外れていきましたが、それでも刷り込まれた想像によって乳飲み子のようであるという認識は軽減したとはいえ生じ続けました。また、体の成長によって性機能は高まっていきました。

この頃に行う睾丸中心の自慰では、周囲への認識と肩書が中学生となった自己認識が、少し軽減した乳飲み子のようであるという認識が生じる、強まった性機能の自慰に忌避感、抵抗を生じさせ、性機能と背徳感によってすさまじい快楽を生じさせていました。陰茎中心の自慰の場合はこの乳飲み子のようであるという想像ではなく、睾丸中心の自慰という体感の伴う連想ではない、意識の上だけのその想像の連想であり、忌避と背徳感、快楽は減少します。

自慰によって劣等感と無力感、忌避を刷り込むと、その日は強烈にそれらを感じて過ごすことになります。夜に行えば次の日がそうなります。しかし、そこから一日二日たつとそれらは軽減されます。刷り込みが直近ではなくなり、時間の経過とともにその無力、劣等という認識と忌避が薄れるからです。また、自慰をしていないという有力感、認識が劣等、無力という認識を薄めます。

日がたち、欲求が強まっていき、刷り込んだ忌避感も直近ではなくなることで徐々に薄まって、結果自慰をしてしまいます。私の場合その自慰をやめられた間隔は高校の前まで最大三日間でした。そして自慰をすることで再度同じ無力感、劣等感、忌避が生じます。

無力ということは有力ではないということで、無力感があるとは有力感がないと言えます。十数年間無力感を断続的に味わい続けるということは有力感を消し続けるということで、無力感を刷込み続けたということです。その有力感を消し去り続け、無力感を刷込み続けることで、周囲との有力感の差が成長とともに広がり続けることとなります。

結果、周囲と同じ肩書であるという自己認識を持ち、それに応じた結果を求め、応じた行動をしようと意志を働かせますが、無力感が悲観を生じさせることで行動に移せない、行動に移しても無力感による害から、周囲の基準が達成できないという事態を発生させます。

また、乳飲み子のようであるという自己認識を刷り込んでしまうことで、肩書に応じた自己認識とその自己認識の二つが同居することとなります。これは明確な改善がみられる高校の前、つまり中学まで刷り込み続けてしまいました。これによって自己認識の乳飲み子のようであるという認識との混合が起き、自己認識とあるべき意識のあり方の基準の周囲とのズレが生じます。

そして、これらの原因が自慰であると初めから感覚的に理解していることで、さらに自慰への忌避感が生じることとなります。

連想と保護されることによる無力感

自慰の際の想像で自分が保護されるような乳飲み子と認識することで、自分が無力と感じることになります。その想像と認識によって日常でも保護を与えられることで自分が無力な乳飲み子と連想し、無力感を感じることとなります。その無力感をより強く感じるのが実母からの保護でした。自慰の際の想像の対象が実母か他の成人女性であり、自慰を連想することで乳飲み子のようであるとより強く感じていたからです。

自慰をしている環境、風景とともに無力感が刷込まれていることで、その風景を見ることで無力感が生じることとなります、私の場合はそれは家の風景でした。

睾丸は自信の象徴とも言われますが、私の場合は乳飲み子のようなものであるという認識を生じさせる無力感の象徴でした。それが股の下についている感覚は自分が乳飲み子のような無力な存在であると認識させられているようでした。

女性に快楽で敗北させられる感覚は女性への劣等感を生じさせました。周囲の男性が女性に対し、対等に接しているのを見て男性も自分よりも優れた存在として、両方に劣等感を抱くこととなり、無力感を発生させていました。そして、その乳飲み子のようであるという自己認識、無力感が常に小中の間、小学生の間は特に刷込まれ続けていました。

依存と過保護が過ぎ、自分の存在が親（特に母親）と家の破滅を握っているその状態と、自分のやらかし、不足の補填を必ず、完全に行うことで、

「親は求めれば自己の代わりに犠牲となって利をもたらす存在、自己の存在と同じ存在、重なる存在」

であるという歪んだ潜在的な誤認が生じます。そう誤認していても私は親の保護も補填も、今までずっと欲しがってはいませんでした。ただ、犠牲に関しては中学三年の頃から求めるようになってしまいました。

他者の認識の採用

有力感がなくなることで自分の認識、意見を採用することを阻害してしまいます。なぜなら自分の認識よりも相手の認識の方を採用するからです。例えばあなたがテレビの○×クイズを見ていたとします。そのクイズ番組に出ていた雑学王と呼ばれる人の答えとあなたの思い浮かべていた答えが違ったとします。あなたは果たしてどちらの答えを信じますか。

この例は有力感がないに等しい私と、有力感のある他者にも言えることで、自分の認識よりも有力であるように感じる他者の認識を採用するという事態を引き起こします。それは他者が好きであると認識するものを好きであると認識し、他者が嫌いであると認識したものを嫌いであると認識するということです。そして、自分が抱いていた認識を自分の意識から消します。好きな映像作品があって、それが他者にこき下ろされていた時、私の好きの認識は薄れ、こき下ろす側の認識を再現してしまいます。

自分の意見を採用する有力感が弱い私は、決まって周囲の認識を採用し、同じ認識と意見をもつようになりました。それは周囲の意見に変えられない認識、意見がないという思考を生じさせ、自分が劣った意識、魂のない意識、主体性のない劣等な意識という認識を生じさせることとなりました、
悲しみの感情を抱く自己を有力とするからそれを強く採用、認識し、悲嘆に暮れることができます。何かをしてもらって喜ぼうとする自己を有力とし、強く採用、認識するから喜ぶことができます。有力感がなければ喜ぼうとする自己、認識があったとしても自分の有力感の無いその認識を採用できないし、たとえ採用しても強く採用し、感情を発生させられません。

有力感があるからこそ自分の感性という認識が強く採用され、強い情動が生じることとなります。感情とは有力感で変化するような条件的なものではないという方もいるかもしれませんが、私も他者も実際、周囲と同じものを好きになり、周囲から嫌悪を向けられる対象を嫌い、周囲が悲しむ状況で悲しみ、喜ぶ状況で喜んでしまいます。有力感によって左右されないのは性的感覚、身体的感覚と痛み、恐怖といった生理的認識しかありません。

両親、祖父母、親戚にどれだけ愛情と呼ばれるものを注がれても、私は彼らが死んだ時

を考えても、それに直面しても、悲しくなりませんでした。母方の曾祖母、母方の祖母が死んだとき、全く悲しくなりませんでした。両親が死んだ時を想像しても悲しくなりませんでした。今想像しても全く悲しくないのです。母方の曾祖母の葬式では、全く悲しくないのに周囲にあわせて涙を流していました。そんな私はそんな薄情な私を責めるのですが、責めたところで薄い悲しみに似た感情しか湧かせることができませんでした。塾の先生、親に叱られただけでも悲しい気持ちになれてしまうのに、悲しむべきと、自分と比べてはるかに有力な世間様と周囲が示しているのにです。

私は自分に依存を注ぎ、祀り上げて病的認識を深め、意識の害と直接的な精神的負荷を与えてくる存在達、または悲しむほどの数、密度で関わっていない存在に対し、悲しむことなどできませんでした。周囲から仕事をこなし、家事をこなし、愛情とやらに満ちた優れた存在と肯定される母を私は肯定できませんでした。肯定すべきと認識していたのに、むしろ否定してしまいたいという感情が消えませんでした。依存、直接的精神的負荷、意識の害を生じさせる存在を、どうしても肯定することができませんでした。

二つの例の両方、変えられないような根の感情、意志があったからこそ悲しめなかったし、肯定できませんでした。根の部分ではない程度の感情や意見を変化しないものとし、強く認識するだけの有力感は確かにありません。ですが私達に意志、意見、感性、感情がないわけではありません。まず自分の意志、意見がない者がこんな、誰からも否定されることが容易に想像できる、私しか肯定する者がいないであろう文章、ゴタクを発信しようとするでしょうか。

悲観性

無力感によって自分が物事に当たれば十中八九失敗するという認識が生じます。同時に病的認識で自己保全と危険への過敏が生じ、失敗と損失をより大きく捉えることとなります。これらが合わさると大切に思える自分がほぼ確実に重い損失を負うように思えてしまうこととなります。これは損失を過剰に探し出し、それを過大に捉えるということを意味します。この反応は過敏性、悲観性と呼ぶのが適切と感じます。

鮮明となった意識によって自分が異常であるという認識は既にもっていました。ですが、得体が知れない、異常性の程度も分からない自慰という行動や、性的な得体の知れない想像、情動を自慰でなくとも普段から浮かべてしまう自分の状態を、悲観性が過剰に捉え、自分は宇宙人のような異常な存在なのではないかと考えるようになってしまいました。

そんな異常な存在と感じていることで、周囲に自分が異常な情動と想像を浮かべる、異常な行為を行う異常な存在であることがバレれば親も誰もかれも含めた全ての者に排斥されると思っていました。小学生の頃、何もそれがバレる要素などないのに、遊ぶ時も話すときもどんな時でもバレることを恐れていました。

悲観性は自分にとって都合の悪い結果が生じるという認識を、実現性の高いものとして認識させます。それと同時に自分に対して都合のいい結果が生じるという安心と油断が生じる認識を否定します。悲観性を構成する生の需要の認識によって自分に生じる損失を許容できないからです。

私の場合は外出時、家の鍵を閉めるのですが、家の鍵を閉めたという記憶は確かに残っているのですが、どうしても家の鍵を閉めたように思えなかったり、家を出た後に家のコンセントの上に布がかぶさって、火事になるように思えたりします。

損失に過剰に反応し、それを過大に捉えることは、損失の回避に用いるだけではありません。損失を過大に捉えることで強い情動を引き起こし、機敏な行動やひっ迫性をもった力強い動きをとることとなります。損失に過剰に反応することで危険を察知することにもなります、その傾向は損失が生じる物事を回避しようとする傾向にもなります。

この損失に過敏になる意識の傾向自体は、過敏性と表現することができます。悲観性と過敏性という表現は損失に過剰に反応し、過大に捉えるということは同じですが、損失を回避することのみに用いるか、成果を得るために用いることもできるかの違いがあります。過敏性は成果を求めることにも用いるため、意識そのものの傾向であるとも言えます。

私達は楽観が元からできないわけではありません。物心ついた頃は過敏性、悲観性が楽観性と両立していましたが、もっと物事を重く捉え、強い情動で物事にのぞまなくては、対処しなくてはと考えれば考えるほどに過敏性、悲観性が強まっていき、元からある楽観する思考を上書きし、消去していきました。

並列的矯正

自慰を忌避することで、自慰を起こす欲求を持っていてそれに突き動かされる自己を矯正（否定）していました。その矯正を幼子の多感な時期から行い続け、日常的に生じる性的欲求や性的想像をその都度矯正（否定）することでその矯正が固着しました。

先述した日常的に生じる性的情動と性的想像、自慰が発覚しないよう矯正（否定）するために、私は目の前に割く意識の容量とは別に、並列して自慰が発生しないように意識の矯正を行う意識の容量を作りました。その発覚しないようにする矯正とは、言動と行動を発させる意識に、他者に発覚する要素がないか観察し、ある場合はその思考を否定して矯正するというものです。これは常に生じさせていますが、意識が性的な内容で占められた時により強く矯正していました。それを幼子の頃から行うことでこの並列して行う矯正（否定）は固着しました。

この並列して行う矯正に過敏性が合わさることで、損失を過剰に探し出し、過大に捉え、その損失を解消するための矯正を常に行う傾向（長いのでここからは並列的矯正と記述します）が生じます。これによって世でいう神経質な思考が生じます、神経質な思考とは損失を否定するために自己を損失の想定によって矯正（否定）し、意識と行動を適切としようとする思考です。

先述の鍵を閉めたかどうかの例で例えますと、自分がカギを閉めなかったことによる損失を想定することで、鍵を閉めたと認識する、損失をもたらすかもしれない意識を矯正し、鍵を閉めたかを確認するよう行動を矯正します。

この矯正は成果を出す際にも用いられます。例えば千五百メートル走で目標の順位になれない場合の「劣等となる」「敗北する」という損失を想定します。その損失を想定すると、そのタイムを出せない意識、後半のしんどい、止まりたいという認識を矯正し、走り続けるという行動をとり、それによってタイムを伸ばします。

小四から中三あたりまでの二次性徴のはじめの時期には、頭をよぎる性的観念に対する性的忌避と背徳感による興奮と、性器を刺激し続けてきたことが原因と思われる性的活性からほんの少しの刺激、情動の動き程度で目立つほどに全力で勃つ陰茎を危機感、ひっ迫が生じる想定、物事を重くとらえる想定で萎えさせようとしていました。または勃つことのないように性的思考を起さないように思考を抑えていました。勃った場合にも、その性的思考、情動を単に抑えて萎えさせようとしていました。この萎えさせる、勃起を起こさない、抑える際の想像、損失の想定による意識の矯正も並列的矯正です。

常にこの並列的矯正は生じるので、否定する要素が常にある状態が続きます。例え矯正する要素がなくとも、その矯正する要素がない状態は私に違和感を生じさせ、その違和感でも矯正する要素の見つけ出しが生じ、その見つけた要素の矯正（否定）を行います。

有力感の無さと並列的矯正による認知機能への害

認識とは何々は何々という定義づけです。認識という情報を外部と認識自体からの情報に対して採用することで、認知、認識するという情報の処理が成立します。先の『他者の認識の採用』でも語ったように、有力感がないことで認識の採用を妨げてしまうこととなります。それは認識の集合体である意識、それを指す自分に有力感がないことで。その認識の探し出しも妨害することとなります。この認識の探し出しと採用を妨げてしまうことで認知に問題が生じることとなります。

赤い果物という言葉は赤い、果物という言葉で構成されています。この二つの認識を探し出し、採用するには、有力な認識ではなくては採用する認識ではないし、有力な意識でなくてはその採用が下せません。また、その探し出しと採用を行い、赤い果物という認識を成立させても、赤い果物とは、という問いになればこの赤い果物に当たる認識をさらに同じように探し、採用することとなります。

並列的矯正は常に生じているため認知の探し出し、採用という過程の最中に並列的矯正の否定の感覚、観念が起きると、認知を妨害することとなります、同時に意識の容量をとられ、意識が散漫となります。

分かりやすい例では悩みを挙げることができます。悩みがある時、聞き逃しをしてしまったり、注意が散漫になったり、認知機能が働かなくなります。まずその悩みの内容に意識がとられ、今あたっている事柄に割く意識の容量が減ることになります。次に悩みに関する思考で自分という意識を否定してしまいます。認知の過程の際に否定の観念が生じれば、その認知は妨害されます。これらによって悩みは様々な認知の不具合を生じさせます。

並列的矯正は常に生じるため、この悩みに近い感覚が常に、断続的に起こり続けることとなり、認知を妨害することとなります。

これらの認知機能の不全ですが、学校での成績などで違いが出るわけではありません。私は小学校のテストでは八十から百点しかとったことがありませんし、中学になっても成績は中の上くらいでした。強いて何か劣った点があるとするなら国語と社会の点数が他の点と比較して低かったくらいです。というのも、認識の探し出しと採用が困難となるということは認知ができなくなるわけではなく、妨害、遅延させるというものです。なので時間をかければ認知することもできますし、「思い出すこと」もできます。そのため学校のテストには大した影響はありませんでした。

害が生じるのは次からのような事例です。

判断と行動の不全

認知の不全と同じ過程を踏み、判断が大きく害されることとなります。判断には明確に結果が生じるため、悲観性が大きく作用することとなります。有力感のない認識、意識では、判断という明確な損失が生じる「認識の採用」はそれをするに足る有力な意識、認識でないため困難となります。また悲観性によって不都合な事態を想定することでさらに採用が困難となります。

悲観性によって曖昧な認識での判断がきかなくなります。そのため判断するに足る損失が生じない認識しか判断に採用できなくなり、いわゆる融通が利かない思考が生じます。例えば「よろしく伝えておいて」の「よろしく伝える」とは一体何と伝えれば損失が生じないかが分からず、「よろしく伝えるってどう伝えるの」と聞くことになります。

行動は意識内だけでの認識の採用ではなく、認知で採用した認識を体に認知させることです。認知させれば体という損失を生じさせる元を動かし、損失の可能性を生じさせることとなります。そのため、有力感がなければ、その損失のもとを動かすだけの有力な認識ではないとして、体に認識を採用させようとすることはできなくなります。悲観性も加わり、さらに採用を妨害することになってしまいます。

半自動性による並列的矯正の強化

判断が遅延することになれば損失が生じることになります。その損失を悲観性が許容しません。私は損失を恐れ、判断の速度を上げることを求めていました。しかしその害されている判断の速度を上げるということは、判断を妨げる要素である無力感と悲観性を改善することです。自慰はやめることが難しい。悲観性も生の需要と自慰を改善できなくては難しい。両方が困難だったのですが、それでも判断を早くしようとした結果、私は認識の採用を半分は思考し、半分は自動、反射的に行うという方法で速度を上げました。感覚としては部活の監督に怒鳴られて、反射で返事をする感覚をまじえて判断を行うといった感じが近いです。

速まりはしたのですが、この判断は速度を重視するばかりで損失の推量が甘く、肝心の損失を回避する有効な認識を採用することができませんでした。ですが、判断をしないと何も始まらないし、自慰も悲観性も解消し難いため、私はその半分自動の認識の採用を使い続けました。これにより自分の意志でありながら、半分は自動で判断を下す傾向が生じました。そしてもともと自動的だった並列的矯正がより自動化することとなりました。

会話にもこれが生じ、さらに悲観性によって自分が失望されないよう、損失が生じないような都合のいい言葉を発しようとする傾向が生じるため、都合のいい、事実とは違う内容を思い付きでしゃべってしまい、それが嘘になってしまうことにもなっていました。幼い頃、小学生の頃は特にひどかったです。同級生との会話で嘘をつきまくっていました。今では自分で嘘とわかっていての嘘はなくなりましたが、今でも作業がいつまでに終わるかを聞かれて、半自動的に早めの時間を答えてしまって終わらず嘘になってしまうということはあります。

聴覚情報の処理の不全

私には聞き逃しをしてしまう傾向があります。父には難聴があり、相手が何を言っていたか聞き返していました。症状が外から見ればほとんど同じなうえ、母は父を嫌っていたため、母は私の聞き返しは父からの遺伝として扱いました。ただ明らかに違う点が二つありました。一つ目は私は音自体は周囲と同じかそれ以上に聞こえており、聴力テストでは一度も引っかかったことがなく、それどころか地獄耳と言われるほどとても小さな音まで拾う子供だったことです。私は誰かに話しかけられれば反応を返すことができるのですが、父は反応を返さないことがしょっちゅうでした。

二つ目は父が受話器を耳に当てて電話をとっているときは聞き逃しがないのに、聴覚の感度がいい私が聞き逃しをしていたことです。私には父は音を拾えていないだけで拾えば処理できる状態であり、私は拾えてはいますが処理できない状態であることがその頃からわかっていました。

私の聞き逃しは先述した無力感と並列的矯正からなる認知機能への害によって生じてい

ます。悩みという否定的な事柄に対して意識を割いてしまっている時、耳にはきっちりと音はとどいていますし、意識に情報として入ってきているのですが聞き逃すことになります。これと同じ感覚を並列的矯正が形成し、無力感と悲観性による認知機能の減退がそれに足されます。

自慰による乳飲み子のようであるという認識、無力感の強かった中三の頃までは特に認知機能が大きく減退しているので、それによる採用の困難が生じていました。

聞き逃しは他者と話す時、人と対していなくても何かを聞かなくてはならない状態の時、そういった時ほどに生じます。聞き取ろうとして緊張している、意志量を多くかけている、肯定感が高まっている、そういった意識が活発になっている時に意識とともに活発となった並列的矯正の否定の感覚、観念が認知を妨害し、聞き逃しが生じます。

聞き逃すという一言を聞いて、その苦悩を内心で軽んじない方はおそらく私と同じ経験をした方か、想像がたくましい方のどちらかではないかと思います。おそらく大抵の方はそれを聞いても大したことはない、聞き返せばいいなどと思うのかもしれません。

聞き逃したとして、悲観性が働いていれば損失を過大に捉えてしまい、聞き返すことで「話を聞いていないな」と反感を買ってしまうことを恐れることになります。この時、聞き返さなければ、聞き逃した内容が聞いておかなくてはならない内容なのではないかという想定が生じます。この想定に意識をとられ、その後の相手への対応に割く意識の容量が減少します。そして上の空と責められるか、相手からの態度が悪化することとなります。また、聞き逃していた内容が聞けていなければならなかった内容であった場合、当然聞けていないことを攻められることとなります。聞き返したら聞き返したで不快な対応が返ってきます。つまり聞き返しても聞き返さなくても、どちらも恐れと不安、不快な反応から精神的負荷を負うことになります。これが日常的に何度も起こります。

この聞き返すことへの抵抗感、精神的負荷は業務内容や習い事、学校の注意事項、雑談まで広く働きます。習い事の注意事項を聞き逃した時、聞き返さなかった内容が聞けていなければ周囲に損失が生じる情報だった場合、その損失によって自分の信用を損なうことになります。そうならないために聞き返すことは悲観性がある、反感を恐れる者にとっては精神的負荷が大きいことです。周囲の全員が聞いていて自分だけが聞いていない場合などは最悪です。自分以外は先を聞きたいのに時間を自分のためだけに取らせるのですから、当然反感が大きくなります。それでも聞き返さなければ、自分だけがその情報を得ていないことになります。度々聞き返せば聞く気がない、またはおちょくっていると勘違いされてそれはそれで信用を失います。

私は耳が遠いと周囲に周知してもらうことで、ある程度は許されるようにはしていたのですが、それでも度を過ぎれば罵声が飛びますし、出来れば聞き返したくなどありません。ですが先に述べた理由から、聞き逃したままにするというわけにもいきません。結局耳が遠いというそしりを受けるほかにとる選択肢はありません。

ですが、その聞き返すことで誹りを受けることにほとほと嫌気がさすと、聞き返さないという選択肢を取ってしまうこととなります。その結果聞いていなければならない情報を聞き返さず、大目玉を食らうことになります。聞き逃しとは字面以上に苦しい害なのです。

母親の傀儡《かいらい》となることによる過剰なまでの共感性と倫理観への固執

私は保育園の頃に噛み癖があり、おもちゃをとられている時や仲間外れにされている時に噛みついていました。それは自分が損失、害を与えられていると感じた時です。

病的認識によって損失を過剰に捉える傾向が生じ、大事を成す者という自己認識によって欲求が強まり、自分の苦しみを知ってほしいという感情とともに自分を害する存在に対して噛みつきを行っていました。

母はこの暴力的な傾向を許しませんでした。跡取りという立場と自分が用意した成育環境の問題となることへの忌避、父との不和で私に注がれる意識から、暴力的な傾向を矯正しなければと考えたのだと思われます。母が私に行ったのは暴力表現からの過剰なまでの遠ざけでした。テレビで放送される暴力表現などはもちろん、私が中学生になるまではバトル漫画ですら読むことを嫌がっていました。

母は常々他者の立場に立って共感することを求めていました。並列して、徹底的な倫理観の刷込みも行われました。母が厚く宗教を信仰していたことで、その宗教の教義に即した倫理観が幼少から刷込まれました。他者を傷つけるのは忌むべき、恥ずべき行為であるだとか、皆が幸福になるように思考して行動しろだとか、そういった思考を私に説き続けました。

私はこれらの思想と感性をすべて受け入れました。自分が異常であると認識することで生じる排斥されることへの危機感と、従わざるを得ないと無力感から感じていたことが重なり、言葉を受け入れるべきであると感じたからです。その結果、これらの倫理観と共感性が染みつくこととなりました。

倫理観が社会からの排斥や罰を受けないために必要なものであると理解できるようになる頃にはそれを体現し、説く母の言葉は悲観性もあわさって、遵守する必要性を強く感じさせる言葉となりました。それによって、母から説かれた倫理観への強い固執が生じ、今なおその母から刷込まれた倫理観が意識に残留し続けています。

悲観性は病的認識と自慰の無力感からなるので、それらが強まることでこの排斥されないための倫理観への固執は強まっていきました。その固執とともに倫理観を破る人間を軽蔑するようになっていきました。

倫理観と共に強くなる共感性によって、他者を傷つけることがさらに難しくなり、自分が排斥と侮辱の対象となっているのに、やり返すことが難しくなっていきました。やり返そうとしても共感性によって傷つけることに対しての抵抗が生じ、一方定な侮蔑と排斥を受けることとなっていました。ただでさえ先述してきた無力感や認識の採用への害によって劣等感が大きくなっていきました。さらにそれが強まることとなりました。小中学の倫理観など未熟なもので、平気で残酷な言葉を放ち、排斥したいと感じた存在を遠慮なしに排斥します。そんな中私の倫理観への固執は生育の上での害でしかありませんでした。

強く刷込まれた倫理観を守ろうとするあまり、守らなかった場合に自己嫌悪の感情が生じることとなり、自分などゴミのような存在であるという認識、自分を罰するような思考を浮かべるようになりました。倫理観と共感の刷込みの過剰はこれらの、劣等感と周囲への軽蔑の感情、自己嫌悪と自罰を生じさせます。

倫理的自己であることを求めるようになることによって、母親の依存から、不出来な私を不出来でないようにしようと干渉する、または不出来でないと気休めを言うという干渉に対して、その依存を受け入れるそんな自己を家と母親を守ろうとする自己であるとし、偉くなる、大事をなす者であるという自尊心と倫理観を満たしました。生の需要の認識による害から自尊心を満たせない状態でしたが、小学生の終わりごろまではそれらが満たされる感覚で何とかごまかしていました。

倫理的で母と周囲を破綻させない存在という自己認識が生じることで、母を大切と思っていると思いたい、思っていようという思考が生じました。そして、頻繁に母が死ぬ想像をし、そのたびに悲しめない、悲しいという情動を湧き出させようとするしかない自分を情がない、異端と感じ、悲しい気持ちになれなくてはと自己否定していました。

余談ですが『並列的矯正』で語った思春期の最初、小学生の頃に勃起があった際に、倫理観と破滅を回避させる存在という自己認識を満たし、同時に勃起をおさめるために母親の死を想像して悲しみの感情を湧かせて萎えさせようとしていたと感じる、記憶でもないただの認識があります。

自棄的思考（害ではない）

「自分を捨てられる存在になりたい」「どうなってもいい存在になりたい」

これらの思考は全く害ではありません。故に否定する必要など一切ありません。

既述してきた害は全て病的認識によって生じます。よって、それを削ることが害を改善する方法となるため、それを削るために自己を放棄する自棄の思考が生じます。自棄と言っても死につながるような自己への傷害はしません。生の需要の認識と危険への過大な認識によって大きな傷をつけられず、細かい傷をつけるくらいにとどまるからです。

この自棄の思考は改善には必要な思考ですので「自分を大切にしろ」等と否定してもこの思考は消えませんし、かえって生の需要の認識を大きくすることで害が深まることとなります。この思考をやめさせたいのならこの自棄の思考を肯定し、生の需要の認識と危険への過大な認識を消すことです。その肯定とは病的干渉（過保護と意識の傾注と祀り上げ、肩書）を排して接すること。単純に、自由に生きて自由に死んでいいと示すことです。

この自棄的な思考は病的認識による害を経験していくほどに肥大していきます。つまり、それらを消さず年月を重ねるほどに強くなってゆきます。

必要な意志量を高く見積もる傾向

既述してきた意識の問題によって、物事に当たるために多く意志量をかける、自分が劣っていることを意志の力、意志量をかけることで埋め合わせようとしました。

乳飲み子のようであるという自己認識が周囲の意識の強度の基準、そうあらなければ自己を否定する、そうあらなければ肯定しないという基準よりもはるかに低いその基準を提示します。それに反して小学生、中学生といった肩書に応じた自己認識は正常にその肩書に応じた基準を求めます。そしてこの基準は混合し、肩書よりも少し下がった基準となります。

しかし、その意識のあり方の基準は下がっても成績、結果に関しては、求める基準が明確であり、その結果を求める必要性を認識すればその認識した必要性に応じて、その結果をそれに応じた意志量で求めることとなります。

結果を求めるにも無力感による既述してきた問題によって、結果をだすことは困難となります。その困難を解消するには周囲よりも多く意志量をかければいいと私は考えました。実際、意志量をかければ周囲の結果に近い結果を得られました。

私の不能さ加減は全く跡継ぎという立場にふさわしくないものでした。また、単純に有力感と自己認識の成育が遅延していることで、周囲からの排斥が起こるようになりました。母はその状態を脱させようとし、多くの習い事をさせました。母の傀儡だった私はその習い事を行うことを受け入れました。そして大量の意志量をかける生活が始まりました。

習い事は小学生の時は演武、水泳、塾、英会話、テニスでした、週に演武が二回、水泳一回、塾二回。英会話一回、テニス一回という感じです。一日に二つ入れていた日が一日あったような記憶があります。水泳は泳げるようになってからやめて、水泳が終わる頃くらいにテニスを始めたので、だいたい週五が習い事で埋まって、平日一日と日曜が休みという感じでした。

中学にあがれば水泳と英会話とテニスがなくなり、残ったのは演武と塾の二つだけとなりました、その代わり、演武が不定期で週二か週三程度、塾が週五回となりました。ほぼ毎日が習い事となり、休日にも習い事がはいるようになりました。また、布教所として教会に顔を出したり、親戚との交流もあり、私に休みがなくなりました。その頃には家は帰って寝るだけの場所となり、癒しの時間が部活の卓球だけとなりました。

その卓球と演武では部長、主将で、卓球は私の代から成績が急激に上がり、演武のほうは自分を入れた団体の部が全国大会に行っていました。それをしながら成績は平均以上を維持し続けました。とはいっても部長、主将に選ばれたのは面倒を押し付けられただけ、演武と卓球の結果は運動能力が高くなかった私の成果というよりも、団体の能力がものをいっているだけです。中学校も普通の田舎の公立でした。

私が求めていたものは成績ではなく、周囲と同じ有力感のある意識になることでした。

社会的に適応できるだけの有力感のある意識がほしかったのです。そして、それだけが私にとっての成果でした。しかし、この時の私はそれを求める方法が分からないと自分に嘘をつきました。それを得る方法は自慰を改善すること、病的認識を削って自己保全、悲観性を取り去ることでした。そのために自分が行わなければならなかったのは病的認識を感じない状況を作り出すこと、依存、家、母とその周囲それらを全て消して刷込まれた倫理観に背くことでした。それは自分には実行可能なことではないと思えました。

そのため周囲と同じだけの目に見える成績を残すことが私にできることであると、思考を直視しないようにしました。周囲の、有力感のある意識に近づいているような感覚はなくとも、その目の前の事象に意志量をひたすらに費やしました。当然求めていた有力感のある意識は得られませんでした。

そして成績、結果を出していても得られない有力感のある意識を得るためにも、その成績、結果を出すにも大量の意志量が必要であるという認識が刷込まれることになりました。この日々意志量をかけ、刷込んでいる時、私は自分が意志量をかけ過ぎているという認識がありませんでした。もっと意志量をかけなければ、そう考えていました。

私と同じ状態にある方は自分が精神的負荷を抱えすぎているし、意志量を多くかけ過ぎているということを理解しなくてはなりません。周囲の方はそれほど多くの意志量をかけて生きているわけではおそらくありません。少なくとも自慰による無力感と悲観性はなく、自分たちとは大きく違う意識、状態で生きています。そして自分が成果を得られない理由を知り、すぐにでも意志量をかけることをやめ、意志量が必要という刷込みをやめ、その認識を取り去らなくてはなりません。

このかけなくてはならない意志量を過剰に見積もってしまうことで、意志量をかけて苦しみ、後々もさらに苦しむこととなるだけだからです。そのかけている意志量は何の得にもならないただの毒です。

周囲からの排斥と反骨精神

有力感の成育が妨害され、乳飲み子のような者であるという認識が生じることで、周囲からの排斥が生じることとなりました。乳飲み子のような者という認識が生じていない方達からすれば、自分達は社会適応のためにその認識を捨て去った者達であり、私はその認識を捨て去るための意志量をかけない惰弱、あるいは怠惰な否定されて当然と感じる存在に見えたと考えられます。そしてその惰弱、怠惰な者が自分達と同じ肩書をもって自分達と同じ場にいることに不条理を感じ、排斥を行うこととなったと考えます。

小学生の頃はまだ自分が近づくと走って逃げられたり、気に入らないと暴言を吐かれたり、突き飛ばされたりといった程度の反応が返ってくる程度でしたが、中学になってしまえば、乳飲み子のような存在であるという認識が少しでも残っているような存在は相手にもされません。単純に無視されるようになりました。反応が返ってくる方もいましたが、大抵嘲笑か暴言、時々暴力といった感じでした。

それでも大事を成す者という自己認識から、その排斥される環境に欠席もせず、さぼりもせず通い続けました。その結果、大事を成す者という自己認識と自分を排斥した存在への怒りから、必ず社会的に自分を排斥してきた者が及びもつかない存在となろうという反骨心、怒りからくる自己実現の欲求が生じました。大事を成す者という自己認識自体も自己実現の欲求を生じさせるので、これらが混合されます。それは今まで求めてきた成果以上の成果を求めるということで、物事にかける意志量をさらに大きくかけていく傾向を生じさせました。

中学三年あたりの頃、『連想と保護されることによる無力感』で既述した「求めれば親は犠牲になり利をもたらす」という潜在的な誤認と、自慰からくる無力感と害を埋め合わせようとする意図と、大事を成すものという自己認識から大きく生じていたと感じる自己実現の欲求から、『連想と保護されることによる無力感』の最後に記した、親の犠牲を求める「神を利用し、親を犠牲にする、あるいは危機にさらして自己が強くなる」というような内容の妄想が生じるようになっていました。この神は中学三年の後半あたりには、家が信仰する宗教上の神になっていたように感じます。

第三章　十五歳から二十二歳までと妄想

自慰の改善と意志量を多く掛ける傾向と並列的矯正の強化の関係性

乳飲み子のようであるという認識を生じさせる自慰をしている間（六歳以前から十五歳まで）は、並列的矯正による害は認知や判断の機能までにとどまっていました。ですが乳飲み子のようであると認識する自慰をやめることで、乳飲み子のようであるという認識と無力感が自慰で生じなくなりました。そしてそれまで無力感、悲観性から得られないだろうと回避してきた成果を求めるようになり、さらに多くの意志量をかけるようになり、そのかける意志量が増えることで並列的矯正がより強くなりました。

高校生から親元を離れました。自分に病的認識と無力感を感じさせ、思い出させる環境から離れたかったからです。信仰していた宗教の高校に進学し、その学校の寮に住むことになりました。寮は三年二年一年、一人ずつ三人が同じ部屋で過ごすという環境でした。

乳飲み子のようであるという認識を生じさせる自慰を行ってきた環境から離れ、その認識、無力感を思い出しにくい、もし自慰を行う、連想するなどして乳飲み子のようであるという認識が生じれば排斥されるかもしれないという恐怖感のある環境に身を置くことで、どれだけの期間かは忘れましたがそれまでの三日などではなく、おそらく月単位の長期間自慰をやめました。その期間に自慰の想像の内容を一度初期化し、自己が乳飲み子のような存在であるという内容から快楽を与える男性であるという内容に変えることができました。

これにより肩書、現実の自己認識と一致し、乳飲み子のような存在ではない男性に自己認識が生育しました。また、自慰を行っても乳飲み子のようであるという認識、無力感が生じなくなりました。『必要な意志量を高く見積もる傾向』で記述した、それまで求めてはいても、得られると認識して求めることはなかった、周囲と同じあり方の意識、有力感のある意識という成果に手が届くと感じられるようになりました。ただ、乳飲み子のようであるという認識が薄まった残滓は消せませんでした。刷り込まれた無力感も残りました。

高校からそれを回避しなくなるということは、乳飲み子のようであると刷り込まれ、それまで成長を阻害してきた意識が、いきなり小学、中学をすっとばし、高校の有力感、意識のあり方となろうとするということです。それは膨大な意志量の必要性を認識するには十分であり、意志量を多く見積もる傾向によって、必要な意志量をさらに膨大に見積もることとなりました。

そしてその多量の意志量で動かすのは、これまで形成してきた並列的矯正をもつ、自分を矯正、否定して成果を得ようとする損失に過敏な意識です。その多量の意志量でその意識を動かすことにより、さらに意識を矯正する傾向、並列的矯正が強く働き、より強く意識を矯正し、より損失を過大に捉え、より過剰に損失の要因を探し出すようになります。

成果を求める想定の強化による妄想の成立

成果を求める損失の想定とは二章の『並列的矯正』で既述した「何々を実行し、成果を得なければ何々という損失が生じる」という想定です。成果を得るためにより強く意識を矯正するには、矯正するための損失の想定が意識に多大に影響するようにしなくてはならないと考えました。そのためには、それまでの現実的な損失の過敏な想定では足りませんでした。

そして思いついたのが非現実的な損失の過敏な想定を行うことでした。例えばソフトボールで自分に向かってフライが上がったとします。このフライを取れなければ自分のもつ脳の機能が制限されると想定することで、脳の機能を制限させないためには、ボールを取らなければならない状況となります。それによって意識を強く働かせるよう矯正し、成果を求めます。失敗した場合は、失敗をする、矯正を行うべき意識として、脳の機能が制限されるという認識自体による不快感と、ボールを上に投げてフライを取る練習を百回しなければ脳の機能が制限されたまま変わらない、というような想定で矯正を行います。この何の根拠もない非現実的な損失の想定は要するに妄想です。

この妄想は現実での損失の回避にも用いられます。この場合悲観性が強く働くため、より強い矯正が生じます。例えば歩道を歩いているとき、ペットボトルを車道に落としてしまったとします。そのペットボトルを拾わなければ車かバイクがスリップして事故が発生し、後に自分が落としたペットボトルと特定されて賠償金を払わなくてはならない事態となるという想定を生じさせることとなり、隙を見て車道に落ちてしまったペットボトルを拾うという行動を生じさせます。また、落としたペットボトルを拾わなければ地獄に落ちるという完全な非現実的想定も同時に生じます。

証明による過敏性の強化

過敏性によって起こりうるとしか思えない想定に感じるとは言っても、その想定には証明がありません。それではより強い意識の否定はできません。そこで私は家が信仰する宗教とその宗教上の神がいるという想定によって、その損失の想定に証明を加えました。

授業中に手を挙げなければ地獄に落ちると妄想したところでその妄想には何の証明もありません。それでは授業中に手を挙げるために意識を矯正しようとしても、その手を挙げるための矯正を生じさせる強制は弱く、強い矯正は生じません。その強い矯正を生じさせるためには単純に、その証明のない想定に現実と同じような証明を与えればいいのです。

私がその際用いたのが家が信仰していて、寮や学校の周囲も信仰し、毎日儀礼を行い、信じるよう刷り込めるその宗教と宗教上の神という概念でした。おあつらえ向きにその宗教の教義には「神は求めた願いを叶える」と、そうとらえることができる言葉が記されていました。それを私は神による実現という想定に利用しました。

この神という概念を証明に利用する方法は、損失のある未来を与えることで自分に強制を与えてほしいと神に願うことです。つまり「自分が千五百メートル走で自己ベストを出せなければ、親が地獄に落ちるようにしてほしい」というような内容を願うことです。

これによって非現実的な損失に、神によって与えられるという証明が付与されます。実現するかどうか、いるかどうかわからない存在でも、周囲がいると言い、教祖の逸話や教義がそうであると記していれば、その周囲の言葉、その多人数から支持されるような言葉は、そこに何も確定的な証明などなくともそこに正しさ、その通りであるという認識を感じさせ、いるかもしれないと思わせる証明となります。そして狙い通り、証明を得た非現実的損失の想定は、現実的損失の想定のように強い強制を生じさせるようになりました。

妄想に親を利用した理由

この中学から高校入学半年までの妄想の変化に関する記憶は忘却が強烈に働いていますが、感覚で記させていただきます。

高校に入学したばかりの頃に思い浮かべていた、ここまでで記述したような成果を求めるための想定は「脳の機能を自分で制限してしまう」という内容だったように感じます。それに宗教による証明をまじえて、神が脳の機能を制限するといった妄想もしていたように感じます。『周囲からの排斥と反骨精神』で記した、神を利用した親を犠牲にする、あるいは危険にさらす妄想も入学した頃から浮かべていたようにも感じます。ただ、過去のその頃を思い浮かべた時、感覚的に印象に残っているのは「脳の機能を制限する」妄想です。

その妄想を繰り返すうち、自身の能力の制限という罰では自身が成果を求める時に、能力を制限してしまっているという認識によって有力感が減退し、成果を得ることに支障が出るという問題がありました。また、もっと強い強制が生じる損失の想定を求めていたようにも感じます。

そこでそれらを解消し、実現するべく、自己実現のために親を犠牲、危険にさらしてでも成果を求めるという結論を中学三年の頃にすでに出していた、「神を利用した親を犠牲、危険にさらす妄想」を用い、成果を求める妄想の内容を「親が地獄に落ちる」というものに変えた、あるいは戻したように感じます。

中学の頃から親を犠牲、危険にさらすような妄想を浮かべており、その変える、戻す以前からその内容が「親が神に惨い目にあわされる」か、その地獄に程度の差はあったかもしれませんが「地獄に落とす」で、そのむごい目にあわせない、あるいは地獄に落とす損害をなしにする代償が「脳の機能を自分から、または神が制限させる」だったようにも感じられます。

私は宗教上の神に、私に損害を与える際には「親が地獄に落ちること」を「脳の機能の制限」という代償の代わりにする、あるいはその地獄のむごさとその後の代償、使命の実行の難度の差はあれ地獄に落とす代償に戻す、あるいは脳の機能の制限を生じさせないようにする、あるいはその「地獄に落とす」ことで脳の機能を回復させるように常にするよう願い、その願いを妄想の証明としていたように感じます。

自分が願った、求めたのだから、地獄に落ちればそれは自分が地獄に落としたということです。それは過剰に倫理観を刷込まれている私には受け入れることに抵抗が生じる、強制を生じさせるに足る内容です。ですが、その非倫理的自己を認識した上での忌避からの強制も潜在的にあったように感じますが、この頃を思い浮かべた時におぼろげに浮かぶ感覚は、単に倫理的でありたいという思考、非倫理的でありたくないという強制、強制されたことを遂行すれば倫理的に親を守った者として自己を肯定することができる、という倫理的自己であろうとする思考です。要は自分の願いが倫理に反しているという感覚が薄いです。

これで脳の機能が制限されているという妄想は生じないし、より強い強制と欲求が生じると考えていたと感じます。『他者の認識の採用』で述べたように感情の採用の効きがわるい上に、病的干渉をかけてくる存在、忌避感や排斥の危機感を感じさせる存在に好感もなにもなかったので、そこには地獄に落ちる「悲しさ」による強制は大してありませんでした。

ここまで「感じる」としか書いていないおぼろげな記憶ですが、これだけは明言できます。地獄に落ちる方に親を選んだのは「倫理観による強い強制、欲求が生じやすい、強制されたことを達成できれば自己肯定ができる倫理的観点以外ではどうでもいい存在で、意識の中で犠牲、危険になる対象として適していると感じたから」「倫理的で、家、母を破綻させない自己としては、大事に思っていると思っていたいどうでもいいものだったから」です。

都合がいいことにこの非倫理的な思考を私という人間は、自分はそんな思考はしていないかのように見て見ないふりをしました。

こうして、この「親が地獄におちる」想定で成果を求める妄想が意識を占めるようになりました。

倫理観の過剰による妄想

過剰な倫理観は日常的に、非倫理的な排斥される意識となることを防止することを目的とする妄想を生じさせます。例をあげますと、スーパーで残り一束しかなかったその一束の大葉を手に取ったとします。この場合自分が大葉を購入したら、それは次に大葉を買おうと店を訪れた方に悲しみを与えるということであり、倫理観に抵触します。そのまま自己の欲のままに買いたいと感じる自己では倫理に背いた社会から排斥されるべき存在であるため、欲のままに大葉を買ったら親が地獄に落ちるという妄想を生じさせ、意識を矯正します。

高校、大学までの間、この過剰な倫理観による些細すぎるそれへの抵触でも生じる妄想が、私の生じさせていた妄想の大半を占めていました。

妄想の適用範囲

妄想が生じる範囲は自分が結果に干渉出来る内容に限られます。あくまで目的は意識の矯正によって結果を変化させることだからで、矯正しても結果の変わらない物事では矯正の意味がないからです。ですが神は全能であるという定義上、全ての物事に干渉可能です。その全能で全てに干渉可能な神とのつながりをもつという認識によって全てが干渉可能な物事と化し、全ての物事が意識の矯正によって干渉可能な妄想の対象となります。要は全ての物事が妄想に繋がるということです。

例えば朝、天気予報で今日一日中雨が降ると言われていた時に、神に雨を降らせないように働いてほしい、神が働けば対価として親が地獄に落ちるようにしてほしいと自分が願ったと妄想したとします。そして少しでも雨が降らない時間があれば働いたということで、対価として親が地獄に落ちると妄想し、それを落ちないようにするには筋トレを目標のメニュー通りこなさなくてはならないという、自己を矯正する意識の傾向、並列的矯正によって成果を求める妄想へと転換させます。

無力感に支配されて生きると、結果に干渉できると認識する範囲も縮小します。それを改善しようと範囲を広げられる何かを求めて、私はこの神という概念で干渉できる範囲を広げようと考えました。その思考を大事を成す者という自己認識と、排斥されることによって生じた反骨精神が後押ししました。

証明が与えられた妄想による意識への害

宗教の証明を加えた親を地獄に落とす想定で強制が強まった成果を求める妄想は、始めてから入学後半年まではその方法で成果を出せていました。例えば一五〇〇メートル走で目標タイムにのらなければ親が地獄に落ちると妄想した場合、目標にのるように、無理と感じている自分を矯正して走ります。それによって記録は伸びました。そしてのらなかった場合は、自分が親を地獄に落とす、非倫理的存在となってしまう、倫理的存在になろうという倫理感への抵触と実現への欲求によって実行力と重さが増す、親を地獄に落とさないための使命のような、親を地獄に落とさないためには腿上げを百回行わなければならないなどといったような妄想を浮かべ、その労という不快感によって自分の意識への矯正を行い、同時に肉体を鍛えるという成果を出しました。このようにこの妄想は成果を求める仕組みとして成立し、効果を発揮していました。

ですが入学半年の頃、この妄想の欠陥によって意識を不能にすることとなりました。そしてマヌケな私は不能となってからこの妄想の欠陥に気付きました。

失敗した際は妄想での損失が証明と過敏性によって起こるとしか思えなくなります。欠陥は二つあります。一つは失敗を繰り返せば地獄に自分が親を落とす妄想が重なって自責に耐えられなくなり、自分を罰せずにはいられなくなるということです。もう一つは妄想の内容自体が「矯正するべき意識」と意識を認識してしまう要因となることを認識していなかったことです。

自己実現の欲求と意志量を多く見積もる傾向から、もっと強く行動を、意識を強制（矯正）をしなければと考え、並列的矯正を強く、より強くと働かせた結果、失敗の損害の想定、妄想が多量に発生し、それが多く積み重なっていきました。人は数え切れないほどに一日の内で失敗しています。私のような人間では特にです。求めていたことなど達成できず失敗を積み重ね、親を地獄に落とすという認識が積もり重なっていくと、倫理観を過剰に刷込んだ意識が倫理に背く非倫理的な自己という認識を積み重ね、自己否定の感覚を積み重ねることとなります。

そして矯正の内容が成果を求めるものではなく、非倫理的な自分に対して倫理に背く存在である自分を罰する、損失を与えるものになります。そして成果を求めるという妄想の目的が薄れていき、「自分を非倫理的な排斥される意識ではない意識に矯正する」という損失を回避する目的に変わることとなります。

また、妄想の内容は親が地獄に落ちる危険性を生じさせてから成果を得るというものです。つまり親の身柄、親に頼って成果を出しているということです。自責が大きくなることで、妄想への否定の思考が生じ、妄想を生じさせれば生じさせるほどに自分が親に頼る無力な存在であるという認識と無力感が生じるようになりました。

これらの親に頼る無力な存在という認識と排斥される非倫理的な意識であるという認識によって、成果を出すための妄想が生じること自体が非倫理的で親に頼る無力な意識となるという損失となります。その妄想を生じさせないため、その意識を矯正するため、自分を罰する妄想が生じるようになりました。そうして成果を出す過敏性と表現する意識の傾向ではなく、悲観性という損失の回避のみの意識の傾向だけが意識を占めるようになっていきました。

そうなった妄想の内容は「成果を成す妄想が生じたら脳裏に浮かんだ損失を自己に被らせるまで親が地獄に落ちるという損失が生じることが変わらないままとなる」という妄想です。それは例えば成果を成す妄想が生じれば自分の尻の穴を何十回切らなければ親が地獄に落ちたままとなる。妄想が生じれば、唸り声を周囲に人がいる中あげなければ親が地獄に落ちたままとなるといったような妄想です。

妄想を清算するための自罰、何回尻の穴を切るという内容が積み重なっていくほどに自責の感覚が増して並列的矯正が強まっていきます。それによって手を動かす、目線を動かす、小さく思考するといったそれだけで妄想が発生することとなります。

私の場合の例では、足を一歩動かせば親が地獄に落ちることが確定的と認識することになることがあげられます。並列的矯正が、起こるかもしれない損失とその要因を一歩を踏み出す状況と意識から探しだし、一歩を踏みだせば地獄に親が落ちるようにしてほしいと私が願ったのではないかという損失とその要因を提示します。そしてその要因が確定的に起きるものであると強化された悲観性によって認識し、それを妄想として成立させます。

つまりは観念がよぎるだけ、行動を少しとるだけで重い妄想が生じるようになったということです。この少しのきっかけで生じる重い妄想は、日常でところかまわず多発します。先述の例では止まっても妄想が生じ、進んでも妄想が生じます。思考しても、目線を動かしても、手を動かしてもといったように、妄想が連鎖して止まらない状態となります。

この入学後半年が経過してから一年の頃から三年まで、自宅療養がはいるようになりました。正確には覚えていませんがその期間は春夏冬休みを含めて大体三分の一か二分の一にとどくかとどかない程度、その期間家で過ごすようになりました。

変わらない妄想の内容、止まらないその妄想

親が地獄に落ちることによる自責によって害が生じると認識した私は、親を地獄に落とすことをやめるか、もしくは自分を代わりに地獄に落とすようにも神に願うようになりました。これで神が地獄に落とさないと安心できるか、親の代わりに自分が地獄に落ちると認識できることで倫理に反する存在ではなくなれると考えました。

ですが、それを神が聞き入れているかどうかも分かりません。結局悲観性が地獄に落とさないようにして欲しいなどという、都合のいい願いが聞き入れられるという認識を許しませんでした。自分に全て肩代わりさせてほしいというのも都合のいい願いのため、それが聞き入れられると認識することを悲観性が困難にしました。結局そう願っても親が地獄に落ちるかもという妄想と、私が地獄に落ちるかもという妄想とが同時に生じることとなるだけでした。

ただ、そう願うことで神が親への地獄に落ちるという苦しみをなしにして、全て私にその地獄に落とす苦しみを与えるという想定も一応生じ、気休めですが自責を軽減することができました。状態的には自責が和らぐだけしか改善がなく、自分にも害が及ぶと認識することで恐怖感が増し、親が地獄に落ちるという妄想も生じるので足し引きして害は大し

て変わりませんでした。それでも自責が少しは楽になったので、自分が地獄に落ちることを全て肩代わりするように願い続けていました。

この悲観的妄想となってからの地獄に落ちるという損失の内容は、深くて暗い、身が凍るように冷たい水に全ての感覚を残したまま、水面を見上げながら落ちていくというものです。私はその地獄を鮮明に妄想し、それに自分が落ちること、親をそれに落とすことに倫理観とそこからくる地獄に落ちる方への共感によって、心底恐怖していました。より詳細にはこの悲観的妄想となる少し前、成果を出す過敏性の傾向の妄想だった頃の終わりのほうにはこの内容となっていたように感じます。

その妄想をやめればいいだけ、無視すればいいだけと思うかもしれませんが、強まった悲観性と証明が付与された妄想はやめることも、無視することも困難にします。

証明を与える神という概念にその妄想が実現させられると認識すると、いるかいないかわからない、実現するかしないかわからないということは、いて実現している可能性があるという認識ができてしまうことになります。それが悲観性によって確定的と認識すれば、願った実現してほしくない条件を神という存在が確定して生じさせるという想定を生じさせ、無視することが難しくなります。

この頃の私の妄想は、神に地獄に落とされるという願いが叶うと想定することで生じています。意識の願ったか願っていないか、求めたか、求めていないかの線引きは曖昧なものです。自分が求めたと認識すればそれは認識の上では求めたこととなり、願ったと認識すれば、願ったことになります。私は悲観性によって、頭に妄想の条件を叶えてほしいと願ったという観念がよぎるだけで、自己がその妄想を願ったと認識し、その妄想を生じさせていました。そのため、頭をよぎらせないようにしようにも、頭をよぎらせないようにしようとすればするほど頭をよぎり、一瞬でも願ったという観念が頭によぎれば妄想が生じるため、生じさせないことが難しくなります。

この妄想は悲観性を軽減することと、証明を与える宗教上の神を否定するしか解消する方法はありませんでした。しかし、悲観性を構成する生の需要の認識を解消しようにも家を出るという選択をとることもできず、宗教の否定に関しては否定するどころかその宗教上の神に損失を与えられないように、よりその宗教を深く信仰するようになっていました。

倫理的自己からかけ離れてしまうことで、その倫理的自己であるために、中学からより強く忌避感を抱くようになった母親の依存を拒否反応を起こしながらも許容し、自分から求めるようになっていました。この妄想が強烈であった高校の頃、私はそんな自己への嫌悪感、不快感、絶望で満ちていました。

妄想が生じた後の悲観性

妄想が自分に損失をもたらすものでしかなくなってから、悲観性をさらに強化することとなりました。意志量をかけて妄想によって成果を出そうしたことが、自己に生じていた問題、刷込まれた無力感、悲観性、並列的矯正、認知機能の妨害の強烈な悪化をもたらしたことで、その方法で成果を得られるとした意識が大きな損失を生じさせる思考をとるようなあてにならない無力な意識であると認識するようになったからです。

それによって悲観性、並列的矯正が悪化し、それに伴って妄想の発生頻度の増加、妄想の内容が重くなる、認知機能、判断力の減退などが生じました。

中学三年から高校入学半年までの妄想の、並列的矯正の強化の過程の記憶が異様に薄いのはこの認識を軽減するためなのではないかと考えます。

報わせられない状態

悲観的な妄想となり、その妄想で「～をしなければ」という矯正を実行するまでは自分を報わせては（報酬、成果を自分に与えては）ならないという認識が生じました。その間は矯正するべき要素をまだ否定していない意識であり、その意識を罰によって矯正せずに報わせるということは、その矯正すべき意識を肯定し、固着させるということだと考えていました。

より強く矯正、否定しなくては意識を矯正できないと考え続けてきた私にはこうとしか考えられませんでした。そのためその罰である妄想の奇行を行う間、話を合わせる、運動、テスト、認知機能、袖を通すことから水を飲むこと、目線を動かすことに至るまで、全ての成果とその成果をもたらす要素を制限し、停止するための妄想が生じていました。その妄想は成果を得れば得るほどに親が地獄に落ちる期間が長くなるという内容です。誰かに話を合わせれば一年長く親が地獄に落ち続ける。テストの問題に答えると何年長く地獄に落ち続ける。文字を一文字読むごとに何日、何年長く地獄に落ちるといったような具合です。

この成果の停止自体も意識を矯正するまでの決められた罰として扱うこともあります。決められた時間までは、成果を得れば地獄により長く落ちることとなる状態であるという妄想は、その成果の停止自体が「得られる成果の損失」であり、それが罰となるからです。

知識を得ることの禁止

妄想が生じ始めた高校から大学の終わりまで、文字を読みだすと何行か読んで止まってしまい、気絶するように眠ってしまうようになりました。常に親が地獄に落ちると妄想していた私は、自分が成果を得ることを禁じていました。その眠ってしまう原因は、成果を得ないようにするための妄想です。

その妄想は知識を得れば得るほどに親が地獄に落ちる期間が長くなるという内容です。一文字覚えてしまったら一日、一年といった具合に、知識として記憶すればするほどに地獄に落ちてからの長さ、期間が長くなっていきます。一気に何年冷たく深い水に沈んでいくという想定なら一度の精神的苦しみで済みますが、文章を読み進める場合は、小刻みに、何百、何千という妄想を生じさせることになります。その想定の連続による精神的負荷は私には許容できるようなものではありませんでした。

それでも読み進めても私はその読み進めた内容をすっぱりと忘れていました。知識が残っていればその妄想が実現すると思えてしまうため、記憶に残すことができませんでした。

それでも無理矢理にでも記憶を残そうとした場合、妄想が生じている間、その妄想は実際には起こらないという、宗教の思想に沿った証明を意識に浮かべ続けることで知識を少しだけ記憶に残すことができました。赤点しか取れない程度にしか残ってはいませんし、地獄に落ちる、落とすことへの不安感に晒されている状態であるため、大量の精神的負荷がかかります。

大量の文字の集合である本や資料などは、読み進めることが困難でした。妄想に抗って読み進めた本でも、読めば地獄に落ちるという妄想が強くなると、その後一切その本を読めなくなるということがよくありました。

授業中は文字を読もうとすると地獄に落ちることへの精神的負荷と、記憶に残せないことと認知機能の停止で気絶するように眠ってしまっていました。高校時代の最も酷い状態の時は、目が覚めても数瞬たてば舟をこぐ状態が六限の授業全てで続きました。

睡眠をとると認知が改善しました。認識を採用してはいけないという認識から、採用してもいいという認識に変わりました。言葉にするなら認識に有力感を与えるというよりも、意識、認識を採用できるものにするという感覚です。それによって文字を読んで認知ができるという認識に数瞬なるのですが、即座に妄想が発生してその改善した採用も無になってしまいます。そしてまた同じように眠ってしまい、それを繰り返すことになります。

妄想による奇行

一番最初に行った自分を罰する奇行は尻の穴を広げたその周辺を何度も切ることでした。なぜ尻の穴かというと、傷が目立つ位置なら自分の奇行が知られて、とめられれば罰を続けられなくなるから。そして何より、屈辱的で嫌悪感を抱く行為であるため罰に適していたからです。私は親が地獄に落ちると妄想する度に尻の穴を切るようになりました。この異常かつ自身にとっても不快な行動は地獄に親を落とさない使命、代償として実行できる範囲のことであると私は考えていました。

ですが妄想が生じる度、頭に浮かんでしまった回数、もしくは神にこのくらいで許してほしいと頼んだ回数、尻を何度も何度も切っていたのですが、いくら妄想を生じさせないようにしようと自分を罰しなくて済むように行動、思考するよう努めても妄想が消えることは全くありませんでした。むしろ尻を切るたびに並列的矯正が強化され、妄想の頻度も酷さも増していきました。そして実行できない回数となっていき、私の思考の内容は現実についてではなく、果たせない使命の妄想の内容で占められるようになっていきました。

妄想についての思考で意識が占められるということは、自責の念で自分に報酬を与えようとすることができず、奇行を繰り返し、さらに妄想を生じさせる傾向を強めるということです。

　妄想の地獄に落ちるという罰の代償の自罰は様々な種類があります。尻の穴を切る、なくしたタオルを探す、捨てたごみを探す、唸り声をあげる、人前で屁をこぐ、そういった自分にとって屈辱、精神的苦痛が伴うことを行います。そして地獄に落ちること、それを清算するために行わなくてはならない代償、使命の妄想は積み重なっていきます。その代償、使命の妄想が重なった場合、直近の使命が意識を占め、それが解消されれば重なる前の使命、下に重なっている使命が顔を出します。

　高校に入学して半年以上が経過し、ここまで記してきた傾向が全て生じるようになってからの私の行動を記します。まず起床し、昨日からある妄想か、朝起きたその瞬間の妄想が意識に生じます。その妄想をもったまま朝の教祖の言葉の読みあげを行い、仕度を済ませて寮を出ます。そしてその宗教のご神体に向かって儀礼をおこない、教室に向かいます。教室では自分への罰として授業中に屁をこぎ、小さなうなり声をあげ、自分が捨てたものを見つけなければ親が地獄に落ちるという妄想で、ゴミ箱を目立たないところにもっていって漁ります。

　妄想の内容を実行しきれていないため、常に自分を報わせてはいけないという認識が生じています。勉学では自分を報わせないために知識という報酬を得ることを自分に対して禁止することで意識が全く機能しなくなり、授業中何度も何度も気絶するように眠っていました。

成績は中学まではクラスで中の上くらいだったのですが、高校からは赤しかとった記憶がありません。二十とか十とかそのくらいでした。自宅療養で出席日数もギリギリと言われていたように感じます。卒業できたのはただの教師の温情か、それがなかったのなら親が賄賂でも渡したかです。そんな調子なので私の学校での立ち位置は陰キャとかですらなくその外、有体な言葉ですとイカレという立ち位置でした。

寮に帰るとトイレで尻の穴を切ります。また、冷水シャワーを浴びることができたのでそれを浴びることを罰にしたりしていました。

視線を動かしたり、足を踏み出したりするだけで妄想が生じ、それが成果の停止と奇行の要因になるので周囲と行動、足並みを合わせるのも難しくなります。常に自罰の妄想で意識が埋まっている状態で、成果の停止の妄想は常に生じていますし、隙を見つければ奇行をすることになります。

奇行が実行できない内容である場合、尻を何万回切る等の場合は奇行が実行できないことで親が地獄に落ちることが確定するという認識が生じ、それに非倫理的存在となることと、共感による恐れを感じることとなります。また、実行できるまでに親が死ぬことで地獄に落ちることが確定することも恐れることになります。

自宅療養は特に状態がひどい状態の時であるため記憶がかなり摩耗していますが、自宅療養の際も一日中「奇行をしなくては」という思考、「神が親を地獄に落とすのか否か」という思考、「落とすのなら自分にしてほしい」という願いを浮かべていたように感じます。ある時は尻を切り、ある時は首だけで跳ね起きが安定してできるまで大きな音を立てながら跳ね起きをし続け、ある時は冷水シャワーを浴びます。自宅療養で何かが好転したかと問われれば何も好転しませんでした。むしろ劣等感、無力感を連想させる環境と一日中、そのことだけを考えてしまう、奇行をする余裕しかない環境によってそのことを考え、行動しようとしてしまい、状態は悪化していたように感じます。

なぜそんな自宅療養をしていたのか、私はそれを受け入れたのか、それは学校側があまりにも私が足並みをそろえられないことから、自宅で直してからではないと周囲にも悪影響を及ぼすし、私にも集団での生活が不可能と考えられたから、そして私は周囲からの蔑みと軽蔑のまなざしが苦痛で、それから逃げてしまったからです。

この妄想が強烈に働いている頃、私は親がいなければ生きてはいけないと考えていました。この妄想が発生する状態はあまりに社会適性が低く、放り出されたら生きていけないと認識していたからです。恐らくこの頃に放り出されれば玄関に縋りついたかもしれません。ただ、放り出されて生きていけるのなら別に放り出されてもよかったというのも本音で、家から離れて生きられるのなら寮住みでも、下宿住みでもよく、妄想を改善し、バイトをして金をため、大学を卒業して一人暮らしを始めてその半年後には絶縁をもちかけていました。

絶食

大学の四年間の内の三年間ほどを断続的に断食をして過ごしていました、その内容は一日から四日間程度断食（水抜きの場合もあり）してから思い切りドカ食いして、また断食することを繰り返すというものです。宗教の思想を否定し始めたのは大学に入ってからのことでした。一人暮らしに近い下宿で、宗教の書物の読み上げや儀礼を必ず行わなくてもよい環境は自分を宗教を信じるべきとする環境から遠ざけることとなりました。そうなった途端に宗教を否定する思考を自然ととるようになりました。高校の頃から潜在していた思考が本格的に働きだしたという感じでした。同時に下宿の一人になれる環境は、もともと否定していた生の需要の認識を見直させ、否定すべきものであるという認識を明確なものにしました。

そうして状態が改善していきました。それとともに段々と家に帰る頻度が減少していき、大学の中盤には盆と正月くらいしか家に帰らなくなりました。

宗教の思想と生の需要の否定のためにとった行動が断食でした。それまでの十八年間で蓄積された社会と周囲への劣等感と、それまでと今の自分の社会適性のなさ、妄想が強烈に働いているその時の現状、周囲からの嘲笑と侮辱の記憶、生の需要の認識による自己保全、これらによる恐怖、これらによって社会に出ようと意志を働かせても出ることができませんでした。そんな自分にも自分を矯正できる方法は何かと考え、思いついたのが断食でした。大学三年くらいの頃に始めたレジ打ちのアルバイトは宗教的思想をそれまでの間否定して、病的認識も少し軽減して状態と認識を少し改善させたことで、恐怖はありながらもなんとか始められたものです。

食は意識と生を肯定するものであり、それをやめれば生の需要が削れて同時に不快感で宗教的思想も否定できるのではないかと考えました。それにそれまでの自分の生を肯定してきた食事という行為を続けることが不快でなりませんでした。断食をしている間は自己を否定し、矯正することができているという肯定感がありました。その肯定と思想の否定を合わせて行うことで、宗教の思想は少しずつですが否定されていきました。

ですが間違っても真似はしないほうがいいと感じます。確かにある程度の思想の否定と肯定感による改善の効果はあったと感じています。ですが否定しようとしている宗教的思想をもつべきと認識する危険が生じることにもなりました。意識にとってはもてば食べないようにする思想よりも、もてば食べられる思想の方を採用しようとします。

例で説明すると自分に対して食事を禁止させている者（宗教的思想を否定する思想）の言うことと、食事をすることを勧める者（宗教的思想）の言うことならばどちらの言うことを聞く（採用する）かということです。断食は一歩間違えればその否定すべき思想、私の場合で言えば宗教的な思想を肯定する思想が、採用するべきものであると認識してしまうこととなるかもしれない危険な行為です。そのほかにも割と重い害が生じますがそれは後述します。

同調をやめる

共感という言葉を他者と同じ状態に自分をあてはめて、そのあてはめた状態に自分が置かれた場合を想像し、その想像の中でその状態を経験することであるとします。同調という言葉を対象と自分が同じ意識であると認識し、自分と同じ意識としての相手に共感することで思考を想像し、それを認識することとします。

今でも共感は勝手に働きます。ですが同調は働きません。中学生の頃は同調はできていました。これも意識せずとも自然とできていました。ですが相手を意識をもつ者として認識しなくなってから同調ができなくなりました。

中学の中盤ごろに同調はしないと決めました。先述したように、私は中学に入ってから無視されるようになりました。ただ、その無視がトラウマとなって同調をやめたというわけではありません。同調をやめた理由は三つあります。無視されることが腹立たしく、こちらも意識として見る必要はないと感じたのが一つ目の理由、二つ目は私からの一方だけが同調するのが惨めだったからです。

三つ目は同調することで感じる比較による劣等感がつらかったからという、無視とは別の理由です。自分と同じ意識として同調すれば、自分と同じ意識でありながら私よりもはるかに大きな成果を出す他者を認識することとなり、それが劣等感を生じさせていきました。そして他者を同じ意識として見ないようになっていき、その在り方が固着していきました。

他者を同調するに値しない存在であると認識し続けたまま、同調せずに他者と関わり続けるということは、他者は同格の意識ではない、同調するべきでない者であると刷込み続けるということです。そしてその他者への認識は、同調すべきではない意識である者という認識で固着します。この認識の変化と感覚は子供の頃は好きだった虫が刷込みによって大きな嫌悪感を抱くものとなってしまい、もう好きなものと認識できなくなってしまうこと、それにトラウマがないこととよく似ています。

　中学の頃は自分とは同格でない意識であると認識している程度でしたが、意識への害が激化して周囲と日常生活を共にすることが困難となっていた高校の入学後半年から高校卒業のうち高校二年から三年前半の頃には、自分以外の全ての方は意識をもたない情報と考えようとするようになっていました。それは自分以外を意識をもたない者であると認識しようとすることを意味します。

「自分の意識はある。だが周囲の意識があるか否かはわからない。もしかしたら自分だけがゲームの中に放り込まれていて、ゲームの外から意識が自分の体を動かしていて、ゲームであるこの世界の自分に対しての情報（五感の情報）は全てゲームが自分に対して出力しているものなのではないのか」

　このバカげた想定を事実だと私は考えようとしました。そして目の前の他者をデータと見よう、認識しようとするようになりました。この認識をもとうとするようになってから全く他者と同調できなくなってしまいました。

　高校の頃、親元を離れることで自慰が改善し、自慰で乳飲み子のようであるという認識が発生しない状態を知ることで、自分がいかに意志量をかけなくては成果を得られない状態で生きてきたのか、周囲がいかに快適な意識で生きているかを感覚で理解しました。その時私が感じたのは改善したことに対する喜びと、他者の意識とその生育過程への嫉妬です。今まで自分を怠惰、あるいは意志量が足りない、情弱と罵ってきた方達のその言葉が全て裏返りました。その時から情弱、怠惰と私を評してきた私と同じでない他者は、見下げずにはいられない対象となりました。その後に意志量をかけることで強まった並列的共感によって、記述してきた妄想、害が生じました。

なぜ他者は意識であって私という意識と違って、社会に適応するように生きられるのかを言語化して理解していませんでした。その他者と自己との適性の差は私に劣等感を感じさせました。その結果、自分が劣っているのは意識の根幹、魂とでもいうべき意識の構成要素、意志量を司る要素が劣っているから、自分は成果を出すためにかける意志量が低くなっているのだと認識しました。それを否定しようにも否定のために意志量を多くかければ並列的矯正が強まって妄想がさらに悪化するため、何一つ解決に至らない状態となっていました。

さらに有力感がないことで周囲の意見に変化させられない確固とした感性がなかったことが、私を魂のない意識、周囲と同じ意識として成立していない、劣等であるという認識を一層強くしました。侮蔑と嘲笑を向けられ、それでも意志量をかけることができる、自分を唯一肯定していた魂の強さの認識が間違いで、むしろ劣っていると認識するしかないと思えた時、他者を意識と認識することをやめようとしました。

他者の意識があるから自分が劣等という位置づけになります。ならばその相手の意識はないものとしてしまえばいい。他者に意識などなく、ただの自分よりも成果が出せるＮＰＣと考えればいい。誰もゲームのＮＰＣに劣等感など感じはしないから。そう認識するようになった結果、他者は自己と同じ意識という認識を用いて接するべき認識ではない、と激しく刷込むこととなりました。

それから妄想が激しかった期間が終わって、自分の意識以外は全て実在しない情報であると認識しようとする傾向は消えましたが、私は同調をすることが一切できなくなっていました。この積み重ねた刷込みは、それから先の同調するべき状況での同調を困難にするには十分な拒絶反応を生じさせました。

第四章　未だに生じる害

並みでいることの困難

物心ついた頃から自慰をしていました。そして中学の終わりまで乳飲み子のようであると認識する自慰を行い、その無力感と認識を刷り込み続けました。小二から小五くらいまでは週の半分以上がつぶれる程度の習い事、小五くらいから中学の終わりまでは休みなく習い事、家の催しもので埋まりました。高校は妄想と奇行をする毎日、その日々でさらに無力感を刷り込み、大学もその妄想に侵されたまま、それを改善している間に過ぎ、社会に出てからも刷り込みつくした無力感と乳飲み子のようであるという認識の残滓が意識の状態を劣化させます。

友をつくり、他者と遊び、周囲と同じ有力感、乳飲み子のようでない自己認識をもち、性的情動と想像、忌避、抵抗が伴う自慰による乳飲み子のようであるという認識も、無力感も悲観性も並列的矯正も、妄想もない「並み」の意識で生を歩む気持ちとはどんなものなのでしょうか。

過保護も依存も祀り上げもいりませんでした。自慰の快楽は求めてしまいますが「自慰をしたくない」「自分を乳飲み子のような無力な存在と認識したくない」と忌避し、嫌悪し、自慰をしていました。忌避感のあまり、泣きながら自慰をするなど毎回のことでした。

愉快な気持ちになどなれるはずもありません。

大事を成したがり、偉くなりたいと求めてしまいますが、偉くなる者でも大事を成す者でもない、そうでない者、有力感のある普通である者となることも求めていました。生の需要など全くいりませんでした。

刷り込んだ乳飲み子のようであるという自己認識の残滓、無力感によって意識のあり方、求める基準の認識を一段下げてしまいます。無力感が自分の無力さでは周囲と同じ基準を達成することは難しい、残滓が自分に求めるべき基準はもう少し低いと干渉します。

感覚としては、仕事を果たせないことで仕事先と会社に何が起きるのか、そこからくる責任、仕事を果たす必要性も認識しており、求められる意識のあり方の基準を正確に認識していますが、この基準が下がってそれを果たすための行動、言動の適切さ、集中を一段階下げてしまうといった感覚です。これは下げるつもりで下げるのではなく、求められる基準を持とうと努めていても、意識せず、違和感なく下げてしまいます。

周囲との自己認識、意識のあり方のズレ、そこから生じるのは社会適正の減退、そして小中高大、社会人、どこでも一貫して周囲との不和、排斥です。

それを応報、ただの甘えという方もいるかもしれません。ですが、長く、強く刷り込まれれば、改善するべくあがき、残滓と形容するほど弱めても、仕事を果たして無力でない、有力だと意識に言い聞かせても、そう簡単に消えてくれません。心は自由で、気合でどうにでもなるのなら、とっくにどうにでもしています。

大学を卒業してから、生の需要の認識、偉くなる者、大事を成す者という認識を消すことをさらに強く求め、それを刷込む親とその周囲から離れ、絶縁し、自分自身に「お前は自分の親を地獄に落として自分を報わせようとした何の需要もないゴミである」「自分は大事を成せる要素など一つも持ち合わせない何の需要もないゴミである」と言い聞かせて、自分を意図的にゴミまみれの電気もガスも通っていない部屋に二年間住まわせ、自分をぼろ雑巾のようになるまで働かせ、体を酷使し、湯も使えないからろくに風呂にも入らず、洗濯機も使えないから、洗ってない服で電車で異臭を放ちながらゴミを見る目を向けられ続け、そんなことを意図的に二年間行おうがそれらの認識は少し削れはしても消えきりはしませんでした。

だれも虫が苦手になりたくてなるわけではありません。「虫は忌避を示す対象」と認識すれば「虫は忌避を示す対象」と認識したくなくとも「虫は忌避を示す対象」として認識してしまいます。虫を忌避していなければゴキブリが出ても不快感を抱かずに済みます。対処も楽になりまし、利益しかありません。認識とは刷込まれれば変え難くなるものです。認識が自由に操作できるなら私は虫も忌避しないし、病的認識も無力であるという認識も、偉くなる者という自己認識も、乳飲み子のようであるという認識も、全て操作、消去して自分のもつ認識を全く違う認識に作り替えます。

自慰による無力感

中学の頃に起きた想像の内容の変化、高校での自慰の内容の初期化と再構築がありましたが、興奮と快楽を感じるのは乳飲み子のように扱われる、被虐的に敗北感や劣等感を刻まれるような内容であり、その内容が過去の快楽を思い出させる性癖となりました。

その性癖を刺激する書籍や映像を用いた自慰を行う度に無力感が生じます。仕事終わりなどの盛んに行動した後、自己肯定感が高まっているときなど意識が活発となっている際にこの自慰を行うと、無力感への抵抗も強く働くので生じる無力感が強くなります。

この無力感はいくら強くなっても幼児期の自慰の際の無力感と比較すれば極々弱い無力感です。無力感が強烈なものとならないのは『自慰の改善と意志量を多く掛ける傾向と並列的矯正の強化の関係性』で既述した初期化によって、一度想像をすべて消し去っていることで過去の想像の内容に近づこうと欠片程度しか過去の想像の連想が生じないから、またその初期化から自己認識が成人男性となっていることで、乳飲み子のようであると認識しづらくなっているからです。

それでも一応は無力感であるので、自慰が生じる度に無力感によって生じる悲観性、認知への害、これらを始めとする既述してきた害が強まることとなります。

幼少と比べると快楽も大幅に削減されます。その理由は三つあります。

一つは無力感が生じない理由と同じ、初期化によって過去の想像とその感覚、快楽が欠片しか思い出せないことと、初期化と年齢で自己認識が成人になっていることで乳飲み子のようであると認識しづらくなっており、そう認識しようとしても成人に認識が戻るため忌避感が薄まり、それとともに背徳感も薄まるからです。

二つ目は幼少からの性的情動、観念への並列的矯正で性機能が害されていること。三つ目は後述する断食と暴食を長期間繰り返してから性機能が減退したことです。

自慰の際に抵抗を快楽によって無力化されることで、意識が無力である、赤子のようであると感じて無力感が生じます。そしてこの無力感は抵抗が大きいほどに増加します。抵抗を無力化する快楽が減退すれば、必要な抵抗も必然的に減少します。性的な情動が生じた時、抵抗する、または何もしなくとも射精にまでたどり着かないことすら出てきた場合、自慰を行い、射精をしようとすれば、抵抗が大きすぎれば射精に至れないため、抵抗は必然的に少なくなります。その結果、抵抗に比例する無力感も少なくなることとなります。

成人後、家と絶縁し、それまでより自棄ができるようになりました。絶縁状態になると、抵抗感を生じさせる病的認識が削減されるため、自慰の無力感と快楽が大幅に削減されました。先の三つの要素による快楽の減退によって、無力感が幼少と比較すればごく弱いものしか生じないようになりました。これによって余裕を感じ、強い快楽を生じさせようとさらに中学以前の乳飲み子のようであると認識する想像に近い内容の書籍や映像を見たり、その想像自体をした自慰を自棄的にするようになりました。

自慰への忌避、抵抗が敗北感、無力感を生じさせると認識したのはこの成人後に家と関係を断絶し、自棄的に自ら抵抗を抱くような自慰を進んで行おうとするようになってからです。強烈な無力感が生じていた想像に近い内容のため抵抗を感じることになりますが、その自慰への抵抗感を自棄によって削ると、生じる無力感が軽減しました。そしてそれを繰り返し、敗北感を抵抗が生じさせていたと理解、認識しました。

断食による消化不良と自己否定

大学の頃、断食と暴食を繰り返すことで消化機能を悪くしていました。それと同時に情動も低下し、欲求が薄弱となっていき、性機能も減退していきました。今はその消化機能は一般の成人程度に戻りましたが、欲求や情動、性的情動は絶食以前より大きく減退したままです。

欲求、情動に関しては生の需要の認識を削るとともに、意志量を多量にかける傾向を否定したことで削減しました。性的情動は並列的矯正が強まることによる、性的情動の際の矯正の強化、妄想で減退しています。絶食と暴食は全くの無関係で、これらと肉体年齢による変化なのかもしれません。ただ、この自己の生を絶食と暴食という体感を伴って否定したことが意識の機能の減退を生じさせたのではないかと私は考えます。

断食をした後の暴食の際にも常時、並列的矯正が生じています。断食をする前は日数を定めて断食を行います。その日数は確実に断食するようにしていました。ですがいざ暴食をしようとすると並列的矯正によって損失の要因、矯正するべき要素を探しだし、つくりだすことで、もう一時間我慢しなくては二十四時間換算では定めた日数にならなかったとか、定めた日数に時間を追加しようと再設定したとか、そういった自己を矯正することとなる事態の認識、妄想を生じさせます。そして暴食を行い、欲求に敗北する意志の弱さを認識してしまい、それによってさらに意識の矯正の妄想が生じることとなります。

この時の私の最も嫌がることはこの断食で否定しようとしている宗教の思想に意識が染まることでした。暴食の際に生じる妄想の内容は自己にその宗教の思想が固着し、さらに意識に浮かんだ日数を断食するまでこの思想を抱いた状態を解くことができなくなる、というものでした。こうして暴食をする度にこの妄想が生じ、断食が継続していきました。

今は食事の際にこの内容の妄想は生じませんが、否定すべき思想をもっていた過去の意識との重複と、この妄想によって刷込まれた悲観性と無力な存在となるという観念とがある的条件下で時々生じることとなりました。

それは親、給食などの周囲に促されて、流されて欠かさず摂ることとなっていた、過去の否定すべき意識であった、断食をするようになる前を思い出させる状況、行為。「断食に耐えてからの暴食」を思い出させる要素である、摂るか摂らないかわからない状況で摂る食事、つまり「昼食を摂る」「周囲に流されて昼食を摂る」という条件下です。

断食をしていた頃とは比べられないほどに軽度ですが、昼食をとってその頃の思い出しが生じた場合、絶食をする前の、否定するべき思想を持っていた頃と同じ食事の頻度である、無力感で満たされていた十八歳までの間の否定すべき意識と重なる意識と認識して、同時に刷り込まれた悲観性と無力感が生じ、有力感が消え、並列的矯正が強くなり、意識の機能を害することになります。この思い出しは感覚的なもので、その思い出している時に明確に自分で思いだしていると認識できるようなものではありません。

その際に生じる思考は高校、大学の頃の自己を報わせない思考に似ています。この報わせない度合いは高校、大学時代とは全く違い、高校、大学を停止と表現するならば、今は甘い制限、つま先ほどの減少という表現が適当です。もう断食をしなくてはならないとはならないし、知識を得てはならないともならないし、足を踏み出すべきではないともなりません。ただ、処理能力をできる限り機能させる、成果を出す、報酬を得ることに躊躇してしまうということにはなります。

特に「周囲に流されて昼食を摂った」場合は、過去の意識とより重なってしまうので無力で否定すべき意識という認識が強くなり、報わせることへの躊躇が大きくなります。

保護されることへのトラウマと妄想

自己が過剰な保護を受けることによって生じていた病的認識と無力感との害がトラウマとなり、その保護が自分にとって最も起こってほしくない最悪の想定となります。そして並列的矯正がその最も起こってほしくない最悪の事態が常に生じているのではないかという危惧を生じさせ、それを確定的と認識させます。つまり常に守られているのではないかという恐怖が生じます。過去の過保護での必ず保護してきたその事実が、その確定的であるという認識をより確定的と認識させます。

高校の時、赤点しかとれないでいるにもかかわらず進級できることが不思議でなりませんでした。その理由を私は親の賄賂なのではないかと思っていました。また、寮にいられるのも、自己が周囲から生暖かい目で見られるのも、学校にいられるのも、全て親の介入があるから。そう考えてしまい、その考えが頭をよぎるたびに激しい無力感が生じるようになっていました。

その無力感は最悪の感覚です。なまじ成長してしまっているために、その高校生という肩書になっているにもかかわらず今だに護られ、親の力に頼ることでしか自分を安全な位置に置けない、自分を護れない、自分を死から逃れさせられないという認識が私に生まれながらの劣等であるという認識を生じさせました。その認識が生じるたびに無力感と意識への報酬の停止が生じました。

社会に出てからもこの妄想は生じました。勤め先を教えていませんが勤め先を突き止めて、雇い続けてくれるように賄賂を贈っているのではないのか。私が会社に迷惑をかけるたびに補填として金を送っているのではないだろうか。そんな妄想が断続的に生じ続け、私に無力感を与え続けていました。その際の報わせない思考は、軽減されてはいても、かなり高校、大学の頃の「停止」に近かったです。

二十五歳の頃に本州から九州に移り住んだのですが、私は保護される感覚を欠片も残したくなかったため、いい機会と感じ、保証人の名義と緊急連絡先を借りられるサービスを利用するようになりました。

親に金を肩代わりされるのは保護されていることと同じです。保護されることへの恐れから、親に何か自分宛ての請求書が届いているのではと妄想していました。そしてその請求書を絶対に親に払わせないために母親とのチャットを私は残してしまいました。

親と自己が同じ存在という潜在的誤認を軽減し、自分の起こすこと、その責は全て親ではなく自分に帰ってくると認識するとともに、その自分の行動で親に何が起ころうが、その起こったことに対して親が何をしようが、自分とは別の人間が巻き込まれただけと認識することでこの妄想の内容への自責がなくなりました。そして現在までに悲観性が改善していることもあり、この妄想の発生も、執筆をしていて労働をしていない、並列的矯正が強まっている時だけになりました。

そのためもう母親とのチャットはいらない、保護されることを連想させるだけの邪魔なものと感じています。黙って消してしまおうと考えるのですが、自分のせいで親が壊れる、家が破綻する、その幼い頃からの恐怖心がぬぐえません。

また、期待、金、手間をかけてきた方への裏切りは、その方々からの一斉攻撃を受けるという想定、恐怖も生じさせました。もうすでに絶縁を持ちかけたことで十分に裏切っていますが、さらなる追い打ちをかけてしまうこととなり、その手間暇かけてきた家、関係者から責め立てられるという恐怖が生じます。

絶縁を持ちかけた時、実際に叔父が家に普段と全く違う否定するような様子で押しかけてきて、言葉を交わしながら逃げたことがあります。その一回だけでしたが、やはり実際に攻撃されることがあるのだと恐怖しました。

高校から寮に住もうとするほどには、自分が依存の対象となることに物心ついた頃から辟易としていました。自分が家を破綻させずにおいているという認識への自己肯定、その快楽がなかったわけではありません。しかし依存から離れる不快の軽減、快楽と比べれば、そんなものは微々たるものでしかありませんでした。今では恐怖心を一気に振り切って絶縁を持ちかけた時、母親とのチャットも一緒に消してしまえばよかったと心底後悔しています。

それから六年たった二十八歳に、親が執着から破滅しないか、有り体に言えば死なないかという恐怖と、周囲からの一斉攻撃の恐怖心がありましたが、チャットを消してもいいかを聞きました。「消さないで」と返ってきました。めげずに「消させてほしい」と返し続けましたが、生の需要の認識が肥大しすぎて辛いことや、今まで依存に辟易としてきたこと、それらを話しても変わらず「消さないで」と返ってきました。

私は絶望しました。自分の意識の害と苦しみ、それらが何からきているのか、そのために何が必要なのかをできる限りわかるように、伝わるように説いているのに、何も伝わらない、何も聞き入れない、どれだけ恐怖と面倒、精神的負荷の感情とともにこの懇願をしているのかも知らず一貫して答えは「拒否」でした。

そして何より絶望したのは諦めの感情が湧くのと同時に、私の口角が上がったことです。その依存する母親の言葉を受け入れることでその刷り込んできた未だに残る倫理観、倫理的自己を成立させられたことで、潜在的自己が口角をあげさせました。

もう、ただただ絶望でした。私の害に理解がなく、破綻と攻撃の恐怖を抱いてしまうような母親、家、関係者、そして何より、いまだに倫理観に毒された意識という自己、そんな現実に。黙って消せばそれで終わりなのに消せない。その現実に、もういやだ。

絶対に守られない、これまでかかわってきた方々、親の目も手も声も絶対に届かない、親とその周囲との関係もすべてなかったことになっている、無関心しかないどこかへ行きたい。それが過去も、今も私が求めているものです。

残り続ける妄想と思想の忌避による妄想

「犠牲の妄想がなければ高校より前の、犠牲の妄想による強迫と対価の認識による採用性の上昇がなかった頃の処理能力に戻る」「戻ることはなくても犠牲の妄想を浮かべていた方が処理がまし」という潜在的誤認と、沁みついた何かを犠牲にする妄想を浮かべていた記憶が未だに妄想を生じさせます。仕事で自分に持てるギリギリの重さのものを持つ、本を書く際に自分の経験を思い出そうとするといった、成果を強く求める際に妄想は生じます。

中学の犠牲の妄想が含まれないのは自慰の改善がないため並列的矯正が強まっておらず、犠牲の妄想の強制が高校より強くなかったから、また、自慰による改善がないため成果をだせなかったからであると感じます。反して高校はこれらがあり、求めた成果、有力な意識としての在り方となれた経験が少しあったことでこの誤認が生じたと感じます。

何かを強く求める際に犠牲を求めた記憶、トラウマが、反射的に自己が犠牲を求めているという悲観、誤認を生じさせ、その誤認を「犠牲の妄想があったほうが処理が優れているという潜在的誤認」が認めます。例え妄想を生じさせたほうがその後自責、機能の減退が生じて処理が劣ることになる、無力感が改善されているから小中のような処理にはならないとわかっていても、この誤認を言葉で認識し、自己に言い聞かせて矯正しなくては妄想の発生は改善しません。

とはいっても労働をしている期間は並列的矯正に意識を割いていないのと、高校大学と比較すると病的認識も何もかもが改善されているため、以前の報酬の停止や奇行を生じさせてしまうほどの強迫、強制とは比較にならないほどに軽度です。せいぜい神などいない、別にそうなってもいい、次にこの妄想を浮かべない意識となったのだから自己を報わせていいと自分に言い聞かせてそれで終わりです。

ここからの三つの節は、執筆中、並列的矯正に意識を大幅に割き、さらにそれを強めてしまい、意識が否定的になりすぎた際に未だに起こった妄想を記します。

宗教とその宗教上の神を否定しきることで、妄想が実際に起こると認識させる証明はなくなり、その証明ありきで成立する妄想は生じなくなります。ですがその思想は否定してもその思想以外は否定できていません。並列的矯正が軽減し、妄想の証明の一つがなくなっただけです。並列的矯正が強まれば妄想は再燃します。

二十八歳の今浮かべている妄想の内容は、面倒で書こうとしない自己に対し、書かなければ経験を思い出せなくなる、書けなくなるという妄想、その妄想の状況を脱するために宗教上の神ではない神を証明に、親を犠牲にする妄想を浮かべます。

宗教上の神を否定しきっただけで、神自体も否定してはいますが否定しきれているわけではないため、妄想は宗教的思想を否定する前よりも影響ははるかに少ないですが生じます。並列的矯正が強まることで今現在の行動、思考の否定する要素の探し出しが強く生じ、過去に浮かべていた今忌避している妄想が生じていた際の行動、思考の記憶へのあてはめが強く生じ、少しでも当てはまればそれで妄想が生じます。これがあらゆる思考、行動で生じるようになります。

そして軽減したとはいえ若干残る「求めれば親は犠牲になって利を生じさせる自己と同じ存在、重なる存在」という潜在的誤認が犠牲の妄想を生じやすくさせ、ましになっていてもまだ残る「通常の思考よりも犠牲の妄想を交えた思考の方が認知機能が優れている」という潜在的誤認がその妄想を浮かべることを促し、許容します。

この際の思考を文章で記すと、何か適当な思考（目を動かしたいなど何でもいい）を浮かべると、過去の忌避する妄想の記憶へのあてはめが生じ「親を地獄に落とすよう願った」という悲観を生じさせ、信仰していた宗教上の神ではない神はいて、聞き入れられる、神が地獄に落とすと悲観的に確定的と認識し、その「親が地獄に落ちる」という妄想を再度生じさせます。また、保護されることや宗教の思想に再度染まる思考など、そういった思考の記憶にあてはまった際は報酬の停止が生じます。

適当な行動（腕を数センチ動かすなどなんでもいい）をすると記憶へのあてはめが生じ、その行動をすると親が地獄に落ちることになっているという想定を生じさせ、この行動をしたことで親が地獄に落ちると悲観的に思考し、それを妄想とします。

未だ（二十七歳の頃）に起こった妄想の一つを二十七歳当時の記述のまま記します。目が覚めた時に足にペットボトルが当たっていた場合、それが並列的矯正による矯正する要素、損失の探し出しの対象となります。その際、過去に常に生じていた「何かをしなければ親を地獄に落とす、という条件を実現してほしいと神に願っている」という妄想の思い出しが生じます。この時、認識しているのがペットボトルに触れることのため、ペットボトルに「触れていなければ」、「触れていれば」親が地獄に落ちることとなると願ったとこの両方を妄想します。神に願ってその願いが叶うと認識することは、再度過去の宗教的思想を信じるということを連想させます。そうすると妄想に証明が与えられてしまい、妄想が再度効果を取り戻すこととなるという妄想が生じ、宗教上の神ではない神が地獄に落とすことを叶えるという妄想がそれと両立します。

そのためその願いが叶わないということを理解していると意識に証明するために、足をペットボトルから離すか、離さないよう触れたままにするかという反応をとります。どちらの反応をとってもその願いが叶えられることを恐れたという認識が生じます。宗教上の神などおらず、叶えられることなどないとわかっていても、宗教上の神ではなくとも神にかなえられることを恐れたと認識すれば、その宗教上の神がいると認識したのと同じであると意識が錯覚し、その神を信じる宗教的思考を再度もってしまっていると認識し、意識が矯正すべき対象となります。

この場合、その妄想に対して反応を行うこと自体が得策ではありません。その妄想を意識から除外してしまえるまでにその妄想での損失を許容することが完全な正解です。この例の場合はその神を信じる宗教的思考を再度もってしまっていると認識してしまうことを許容することです。要はその思考を持ってしまうことをどうでもいいと認識すること、できるようになることが成果の停止を防止する対処における正解ということです。

妄想での損失を許容せずその損失を防ごうとした場合、妄想を採用したことで悲観性の採用性が上がり、さらに並列的矯正も活性化します。その結果さらに重い妄想が後から高頻度で生じることとなります。大抵は許容するようにしますが許容しきれず防ごうとした場合、かつての意識と重なる、妄想という損失が生じる要素のある意識を報わせることを躊躇する状態となります。このように証明が消えても並列的矯正、あてはめによる妄想が生じ、執筆と労働の期間での並列的矯正の強さによる差はあれ、意識の機能を常に減退させることとなります。

損失を許容できない場合の妄想

損失を許容することとは悲観の対象から外すことです。妄想の損失を許容できない意識は許容ができるようになることで、その損失が悲観の対象から外れ、妄想が生じなくなります。そして損失を許容しようとする思考をとること自体が損失の妄想が生じない思考を浮かべようとするということで、損失を許容していない、妄想を浮かべるという損失を許容していないと言えます。

そのため妄想が生じた場合、妄想の損失を許容しようとしようがしなかろうがどちらに転んでも妄想が成立、または新たな妄想が生じることとなりえます。

進行方向にあるマンホールを踏めば親が地獄に落ちるという妄想が生じたとして、それをどうでもいいと許容しようとせず、マンホールを踏まなかった場合は妄想の証明を信じてしまっているので、その証明による別の新たな妄想が生じる状態です。損失を許容しようとして許容できずマンホールを踏まなかった場合、許容すべきものを許容できていない、証明を信じてしまっているとして、その証明を信じる意識のまま固着することを悲観し、新たに「自分を報わせれば信じる意識のまま固着する」という妄想を生じさせます。

その損失を許容できないまま許容しようとして、あるいは許容できていると誤認してマンホールを踏んでも、神などいないと証明することは困難であると悲観し、地獄に落ちると悲観し、自分が地獄に落としたと妄想します。そしてその地獄に落とすよう思考する意識が固着すると悲観し、その意識を報わせるとその意識が固着するという妄想を生じさせます。

妄想を浮かべた時点ですでにその妄想に対して何かを悲観しているということであり、それに対して許容しようとしようがしなかろうが、悲観は働くため妄想は成立し、生じることとなります。要は損失を許容すべきと認識するだけでは不十分ということです。妄想を無効にする、生じさせないようにするにはその損失と自己のあり方を意識の深層からどうでもいいと認識できるだけの病的認識のなさ、自棄が必要です。

自発的な妄想の発生

妄想への正確な対処は自己とその妄想をどうでもいいものとし、無関心となり、無視できるようになることです。そうすることでそのどうでもいい妄想と妄想での矯正をなくし、妄想を無効とすることができます。

無視するにはその損失をどうでもいいものと考えられる程度に、倫理観と自己保全を解消する必要があります。そうなるには有り余る病的認識を解消しなくてはなりません。これを解消せずに妄想を改善しよう、損失を許容しようとすると次の害が生じます。

損失を許容しようとすると妄想が生じそうになった時にその妄想、つまり損害の想定、その損害が生じてもいいと考えたいという認識とともに、その損失が生じることを求める思考が生じます。そしてその求めた損害、妄想を確定的に感じてしまい、妄想を許容できず自責、精神的負荷、報酬の停止という事態を生じさせます。要はどうせ許容するのだから自分から妄想の損害を求めて、自分から許容してしまおうと考えるようになって、許容できずに苦しむこととなるということです。

例えば足を一歩踏み出せば親が地獄に落ちると妄想したとします。この場合、親が地獄に落ちるという損害を許容していないから一歩を踏み出すことが困難となります。私は自ら親が地獄に落ちることを願っていました。だれも一歩を踏みだすことで石ころが地獄に落ちると妄想しても、その一歩を惜しみません。その損害を惜しまない認識を形成して許容できるようにしようと自ら損害を願っていました。

自ら損害を願うということは、並列的矯正による自発的とは言えない願いとは違い、自発的に損害を願っているということです。実際に願っているので地獄に落ちるという妄想が、半自動的な並列的矯正による妄想の誤認の際よりも確定的に起こると感じることとなります。

この時、自分も親もどうでもいいという思考、倫理観と自己保全の解消ができるだけの病的認識の解消ができていない場合、倫理観から自分を責め、それと自己保全から自己の意識を倫理的な意識に矯正しようとすることで、倫理観からくる自責がともなう、高校のような矯正の強い妄想が生じます。

親を犠牲にして得た一歩では一歩を得たこと、その後の成果を自ら否定します。それは自己を報わせることの禁止と、罰として強く実現すると認識する、その一歩のもととなった「親が地獄に落ちること」の妄想を生じさせます。結局、自発的に願わないほうが適切です。願ってしまったのなら、たとえ倫理観を排除していても親に頼っているという自己否定から自己への報酬は許容できません。倫理観が多量に残っていれば、当然先のような妄想が生じます。

最終的には次のように考えられる状態が安定した意識です。

「神はいるのか、親は地獄に落ちるのか、親の意識に地獄に落ちるように干渉できるのか、それらはわからない。つまり自分を責める必要のあるなしもわからないのなら、悲観的に地獄に落ちる、干渉していると認識する必要はない。可能性がゼロではないからと言って、だれも隕石が落ちてくると理由なく悲観はしない。それと同じことである」

「親を地獄に落とすことを願うような思考をする意識であること自体を否定するのなら、もう二度とその思考をしたくないと感じる今のその意識は肯定すべき」

最初からこれらの思考を刷り込んで妄想を解消できれば最善なのですが、保護されるトラウマと並列的矯正から自責が強烈に働き、どうしても妄想を止められない、軽減できない状態となっている際は、その認識を刷り込むことは難しいです。この場合、自責の要素の排除をする非現実的思考、想定を浮かべてしまうこととなります。

その思考は親の害で利益を得ているという想定、状況の排除のための思考です。例えば神に願って親を地獄に落とすと妄想するのなら、「願ったことを全部なしにしろ」「全て自分に地獄落ちの罰を被らせろ」と宗教上の神ではない神に頭の中で求める思考を浮かべます。または自分の思考が親の意識に地獄に落とすように干渉すると妄想する場合は、地獄に落とさない思考で干渉をしているというような内容の思考を浮かべます。

この思考を浮かべれば浮かべるほどに非現実的思考形態に意識が変質し、妄想が生じやすい意識となります。よってこの思考の原因となる自責を早急に解消しなくてはなりません。自責の原因となる忌避、保護されるトラウマを今以上に解消したとして、保護されること、尻を拭かれることへの忌避まで削るべきかは私にもわかりません。それはまだ削っていないからです。倫理観で忌避、自責が起こっている場合はそれも軽減しなくてはなりません。自責の原因である忌避と並列的矯正の両方が軽減する方法は病的認識の軽減です。生の需要の認識を軽減すれば自棄が可能となり、生の需要の認識と危険の過大な認識が解消することで悲観が軽減します。それによって妄想と自責が軽減します。

他の方法としては私の場合、バナナを皮付きのまま食べるとか、シソの葉を五枚まとめて噛むとか煎じて飲むとか、そういった並列的矯正を抑える食べ物で並列的矯正を抑えて、その自責を和らげていました。なんにせよ強烈な自責が働いている場合、自責を軽減して、やっと先述の刷り込みが効くようになります。

自分を責める、苦しめるなら願うことなどやめててしまえばいいと考えるかもしれませんが、そう簡単にやめられません。並列的矯正と意識の半自動化によって、半自動的に行うように意識に設定してしまえば自分の意志ではありますが、意識はそれを半自動的に実行します。私は二十一歳くらいからこの自分から損失を願うこと始めたのですが、六年間かかって二十七歳の頃少しやめられるようになりました。二十八歳の今、正確には労働を行っている期間は生じません。

そんな改善に時間がかかる意識の傾向ではなく、解消できれば速い改善が期待できる病的認識の解消を優先すべきと考えます。

視覚情報と蛇口

今、目の前に水が止まっている蛇口があるとします。その蛇口は視覚情報では止まっています。ですが並列的矯正がその視覚情報が実は間違っていて本当は止まっていないという、流れっぱなしという損失をもたらす要素を探し出して妄想が生じます。この妄想は認知機能が侵害されている意識を矯正し、その機能を補おうとして用います。

小さい字を見る際、自分の目が悪いと思っていれば文字の読み間違いが起こると思い、その文字を念入りに見つめます。それによって視覚機能が補われ、間違いが防止されます。それと同じようにこの妄想を用います。

過敏性によって損失の想定が確定的に思えることとなります。確定的に思えるということはその想定の認識が、採用される確定的な認識となるということです。この場合、視覚情報の認識では止まっている蛇口から、確定的に感じる水が出るという妄想によって、水が出ているように見えるように感じるし、水が流れるような音は聞こえないのに、水が流れているような音がするように感じるという状態が生じます。

たまに雑誌とかに載っている、線の長さが同じなのに長く見えるとか、そういっただまし絵を見る感覚にどこか似ています。視覚情報は正しく受け取れています。ですが、妄想を採用することによって、認識と視覚情報とに齟齬が生じることとなります。その結果、蛇口の前で五秒間ほど目を離さず見つめるという状態をつくりだします。今は水が出ているように少し感じる程度ですが、大学の頃は水が出ていると強く感じて三分から五分ほど見つめていました。三分間とはいっても、蛇口を見つめ続ける三分間はかなり長いです。見れども見れども水は止まっています。ですが、どうしても水が出ているように見えているように感じて仕方がありません。水の流れ落ちる道筋に手をかざしても手に水滴はつきません。それでも手が湿っているように感じてしまうか、もしくは水の通り道に手をかざせていないのだと認識してしまいます。

問題となっているのはこの場から離れるか否かの判断に、水が止まっているという視覚からの情報の認識か、水が流れているという妄想という認識のどちらを採用するかです。水が出ていないという視覚情報の認識を採用するのなら、その場を離れるという判断となりますが、その場合、確定的と感じている水が出ているという妄想という認識が、水が出っぱなしでその場を離れることとなる損失を強く主張します。

この時、判断をするために意志量をかけて認知しようとすればするほどに妄想が強くなり、水が出ていないことはわかっているのに水が出ていると感じるようになります。水が出ていないと目を離そうとすると、水が出ているという妄想という認識が、水が出しっぱなしになっていると目を戻させることとなり、出しっぱなしになっていると感じていれば視覚情報では出ていないため、出ていないということをより強く認識しようとすることにより、出しっぱなしであるという妄想という認識を否定しようと確実な情報を目から取り入れようと見つめる、認知しようとして妄想を強めることとなります。これを繰り返し、目を離さず見つめ続けるという状態が生じることとなります。

この妄想は妄想をもたらす並列的矯正、悲観性のもととなる病的認識を削り、その妄想自体を改善しない限り、妄想をもたらす自分の認知による判断などあてにならない、採用するに足らないと認識を切り捨てさせる傾向を生じさせ、それを強め続けることとなります。

また、妄想とはいえ認識であるため、そのあてにならない妄想という認識を採用すべきでないと認識することで同時に、妄想以外も含めた認識自体を採用するべきものではないと認識してしまうことにもなります。このように採用への不信によって認知機能を害し続けることとなります。

この妄想が生じている時、同時に自分が離れた瞬間に蛇口から水が出始め、それが洪水のように出続けることとなり、多額の水道代がかかることとなるという妄想も生じています。今はそれを無視して離れられますが大学の頃、視線を注ぐのは三分から五分くらいですが、その場から離れようとすればまた戻って確認してしまい、実際は十分から十五分くらい、酷いときは三十分ほどその場から動けずにいることとなっていました。

忘却

『知識を得ることの禁止』で知識、つまりは記憶を得ることを禁止しているなか、無理矢理に覚えた知識は忘却することになったと述べました。なぜ忘却したのか、それは意識に不利益をもたらす記憶だったからです。自分に不必要、または邪魔な記憶は次々と消去されます。私の場合は意識が明確で記憶が残るはずの、小学生から今までの記憶も忘却が進んでいます。

幼少（〇歳から五歳）の記憶は薄く、または消えることとなります。それは無力な、全てを親に求め、それを認められる幼子であるという自己認識である記憶であり、その無力で、全てを親に求めてもいいという認識をもつ記憶をもったまま持ち越すと不利益となるからです。私はその頃の記憶が少し残っているとはいえ、ほとんどは薄れて、消えてしま

っています
これまでの生で絶えず発生している生の需要の過剰な認識、小中学生の時の自慰による無力であるという認識、高校からの宗教の神が証明を与えていた思想が真実であるという認識、大学の時の病的認識や宗教的思想にまみれた、それを改善途中の期間、これらの認識をもつ記憶はもったままであると不利益となる記憶です。そのため記憶が総じて忘却が働き、薄くなっています。
また、単に知識を得ることの禁止によって、高校から大学時代に得ようとした知識のほとんどを忘却しているため、何の知識も残せていないという事態が生じます。
これらによって社会で生きることにおいて何が困るのかと聞かれたら、困ることは大してありません。思い出と呼ばれるものと一般常識がなくなるだけです。他者からしたら一般常識と貴重な青春の記憶がなくなるということなのでしょうが、私には青春はありませんでしたので、惜しむべき記憶はありません。そして教育機関での記憶と知識を活用する職にも就かないので生きていくうえでも問題ありません。私にとってはただそう感じる程度の記憶が薄くなり、消えているというだけです。

作業と妄想

指定された数か所の置き場に指定された数量の物を置くという作業があるとします。その場所に指定された数量を置けば成功なのですが、その置き場が指定された置き場でない場合と、その指定された数量の物が指定された数量置かれていない場合を妄想することでその作業が成功したと認識できなくなります。前述の視覚情報からの認識と妄想という認識が判断を拮抗させる例の今度は記憶版です。今度は作業の終了後の記憶を妄想で上書きします。

この場合、記憶の情報よりも視覚情報のほうが確実であるため、再度全ての置き場を一から十まで確認しようとしますが確認したところで同じです。また同じ妄想を生じさせ確認する。それを繰り返すだけです。

それに大抵そんな大がかりな確認をする時間などありません。できてざっと見回す程度の確認です。労働は作業の積み重なりなので、一つの作業が終わっても次の作業がありま す。それがわかっているからこそ、その妄想を無視しようとするのですが、結局その後の作業でも作業が成功していないと認識していることで、作業失敗による損失が生じるという妄想、確認しに行くべきという思考に意識をとられることとなります。

また、高校、大学の頃とは比較しようがないほどに軽度ですが自己を報わせないという思考は今でも残っていて、仕事をすることに慣れてからはその確認をしに行かない、周囲と同じように損失なく、責任のある行動をとらない自己に対して報わせないという思考が生じます。これらの思考に意識をとられることで、次の作業での処理の劣化が生じます。

報わせない思考は軽減していても、損失のない責任ある行動をとるのなら、自分を報わせ、今の処理を全力で行ったほうがいいと分かってはいても、別の作業中、妄想が生じる前の作業の確認が周囲に頼めばできるのに確認をしにいかない、社会一般の基準を達していない否定すべき自己であるのも事実と思考してしまい、直近の執筆前の労働まで処理を劣化させていました。

もう一つの例を出します。指定された場所に板状の物を立てかける作業があったとします。その立てかけた物は倒れこんでくるような角度でもなく、角度をつけ過ぎてたわむような角度でもない角度で置けていたとします。その状態なら誰もが何も問題ないと感じる状態であるのに、自分にはたわんでいるように感じるし、倒れ始めているように感じます。

別に倒れているように見えているわけではありませんし、たわんで見えているわけではありません。ただ、妄想のたわんでいく、倒れてくるという認識が視覚情報からの認識を侵害し、望まない結果が起きるような認識を意識に生じさせます。そしてそれを無視してその場から離れても、倒れたのではないだろうか、たわんで曲がったのではないだろうかと妄想が残り、そこからの処理の劣化が生じます。

残る聞き逃し

自慰の想像の初期化と再構築によって乳飲み子のようであるという認識が生じなくなり、無力感が改善されたため認知機能、処理能力が改善しました。同時に無力感によって生じていた聞かなくては損失が生じる情報を聞く際の、聞かなくてはならないというひっ迫も軽減しました。

並列的矯正は強化されて残っているため、聞き逃しは依然生じるどころか頻度を増しています。無力感からくるひっ迫が改善されていても、悲観性はあるためまだひっ迫は生じます。ただ、無力感の改善によって認知、言語処理の能力は改善しています。聞き逃しの頻度は並列的矯正の悪化によって増加したように感じるものの、その処理能力が改善している分で聞き逃しの症状は総合すると改善されていると感じます。

例を出すと小学校時代の集団行動、授業での役割決めでの自分の役割を言われた際、その情報を認知することへの阻害が無力感によって生じ、聞き取れないこととなります。自慰の想像の初期化の後、労働の情報を提示された場合、無力感による認知の阻害が軽減することで、その聞かなくてはならない情報を以前よりも聞き取れます。

ただ、一場面で発揮する「聞き取ること」、処理は向上しても、無力感が改善して消えたひっ迫は強化された悲観性が戻します。さらに並列的矯正は強化されており、認知の阻害の頻度が増えるため、「処理」が改善しても、聞き逃しの「頻度」が悪化することとなっています。

悪化して起きているのは並列的矯正の悪化とそれによる妄想の意識の占領ですが、それによって問題が生じます。例を一つあげます。仕事の車の中で上司と雑談をしていてその上司の会話の一節を並列的矯正から聞き逃した時、その一節の前の一節は全く重要な要素につながらない言葉であり、さらに会話も重要なことなど話しているような内容ではありませんでした。それでもその聞き逃した内容が強まった並列的矯正、それを構成する強まった悲観性によって仕事の重要な情報であるように感じてしまうこととなります。

その場で聞き返せば何も問題はないことですし、聞き返さなくても大した内容ではないことはわかっています。文脈的にも意識を占めるような内容ではないことも重々わかっています。ですが強化された悲観性によってそう認識することはできません。

そうなれば聞き返す以外にないと感じることとなりますが、現実的にその内容は間違いなく重要な内容ではありません。また、聞き返して奇異の目で見られる、反感を買うといった、悲観性による損失の想定も生じます。

結果、「それはほぼ確実に聞き返さなくとも問題ない内容であるため、聞き返さなくとも問題ない」と意識に言い聞かせ、聞き返さないようにするのですが、聞き返さなくとも問題ないとも結局思えません。そして意識がその内容で占められ続けることで、情報処理の容量が減退し、聞き返さないことによる自己否定による成果の停止が生じます。また、その後の雑談に意識の容量を全く割けなくなることで、応対に全く身が入っていないと嫌悪感を示されることとなります。

聞き返した場合、抵抗が生じることで間をおいて聞き返すこととなります。雑談の、適当に話していた会話の内容の、ある一節を指してそこを何と発言したかを尋ねることとなります。聞き返されるほうからしたら訳の分からない聞き返しでしかありません。なぜなら全く毒にも薬にもならないどうでもいい内容を話しているのに、その話している一説に執着して聞き返してくるからです。

妄想を確定的と認識することによる現実的想定の無効化

これは二十七歳の執筆中の際の妄想です。散歩しているとき、持っていたペットボトルを落として、それが他人の家の塀に当たったとします。その時はペットボトルを拾って通り過ぎますが、後からガス管に当たってないかとか、多額の請求が来ないかとか、色々とあり得ない内容を考えてしまいます。

これは二十七歳の労働していた頃まで生じていた妄想です。保護されることへのトラウマから、スマホの画面の隅に意図せず触れた際、その見ていたサイトの料金が発生する箇所を押していて、それが請求を起こす原因になり、その請求が自分の元ではなく親の元に行くのではないかとか。そんなことを日々考えてしまっていました。そんなことはあり得ないと分かってはいます。ですがその妄想が実現したらと想定し、実現する、と悲観性によって確定的であるように認識すると、その妄想が妄想とは思えなくなります。

その妄想を解消しないまま仕事に入ると、その妄想に関する思考が意識を占拠し、仕事に割く意識の容量が減少します。また、その妄想を解消していないことによる意識否定と、これらによって不全となっている意識を認識することで有力感が減少します。この容量を割けていないうえに有力感もない意識を矯正によって補填しようとし、『作業と妄想』のような妄想を生じさせます。妄想など仕事の間くらい無視すればいいと思うかもしれませんが、それが無視できるような悲観性なら苦労はありません。

妄想とは非現実的な損失の想定です。これが実現するようにしか思えないことで、現実的に起こりうる現実的損失の想定への危機の感覚と同じだけの危機の感覚を引き起こします。その非現実的な妄想に抱く危機の感覚が適切であると認識していては生活に支障をきたすため、それを否定することとなります。それによって、非現実的妄想への危機の感覚と同じだけの現実的損失の想定への危機の感覚まで、日常に支障をもたらす適切でない危機の感覚であるとして否定してしまうこととなります。

単に現実で起こり得ないことを現実的と想定してしまうために、現実的な損失の想定を非現実的妄想をしていると誤認するという事態を引き起こすこととなります。これらによって損失を回避するために有用な現実的な損失の想定の無効化が生じることとなります。

例を挙げますと、マグカップを肱のあたりに置いていたとします。そのマグカップを倒しやすい状態で、マグカップを倒すという損失の想定を生じさせますが、それを非現実的と認識し、適切でない危機の感覚と認識し、その損失の想定を否定してしまい、その結果マグカップを倒すという結果を引き起こします。これが車を運転する際の損失の想定、労働での損失の想定、日常的な損失の想定、それら全てで生じます。

最悪の未来の想定

執筆中、並列的矯正が強まった際に起こる傾向です。

強まった並列的矯正によって自分が想定する最悪の損失の要因をつくりだし、それを確定的なものと認識するということは、どんな妄想でも作り出し、それを確定的と思わせるということです。並列的矯正が強まっている際は宗教の思想を否定した後も、地獄という自己にとっての最悪の想定が、宗教上の神ではない神を証明にして強く生じます。その妄想の否定のしやすさは全く違いますが、その妄想が実際に起こるという悲観は同じだけ働きます。

宗教的思想を否定した後にその強い最悪の想定が生じるのは執筆中という、労働などの並列的矯正と意識自体を目の前の物事に割くこととなる行動を行っておらず、労働の際生じさせていた並列的矯正の容量とは別の意識の容量を割く先がなく、余らせてしまっている時にその余った容量を並列的矯正に使ってしまうこととなる、面倒と感じる自己を文章を書かせようとすることによる自己矯正で、意識全てが並列的矯正だけで動く傾向となっている時です。

今でも並列的矯正が多量に強く働いている時、思考について思考することで、今浮かべる自己の思考が、保護されるトラウマに抵触している思考なのではないかとか、そういった悲観、想定を生じさせること、自分の病的経験を思い出して記すことで妄想が強烈に生じていた頃を思い出すこと、もしくは過去の病的な意識を思い出すことでその時の意識の状態に近づいてしまい、神に願ったと妄想し、それによってその時の思想になってしまうと悲観し、意識の状態が報酬を制限してしまうことがあり、それへの忌避が生じます。

ただ、もうすでに否定しきった意識、思想、思考であり、否定しきった後の意識、思想、思考となっているので、その頃に完全に戻るということはなく、すぐに元の否定しきった意識、思想、思考に戻ります。その神に願った妄想、悲観への報わせない度合いも大学の否定途中の頃と比べて停止ではなく制限、躊躇くらいで、解消までの時間も否定途中の頃より速いです。

並列的矯正が今までに改善しているため、並列的矯正が多量に激しく働いていない時、精神的に安定している時、執筆期間の始めの時は過去について思考しても悲観による記憶へのあてはめは起こらず、過去を思い出してもあまり精神的負荷や、その頃に意識の状態が大きく戻るということ、妄想に意識がとられることはもうありません。要は書くのが苦しく感じるということもありますが、それ以上に面倒くさいです。

自由に過ごしてもよいその状況で、思い出しても面白くもないことを思い出して書くことを面倒に思い、動画などを見ようとする、または見ている際、意識を「書かなくては頭にある内容が死ぬ」「納得できる出来にできなくなる」と矯正し、矯正し続けてしまいます。そうして、余った容量を並列的矯正で使うこととなり、強烈な並列的矯正が生じます。また、その状態は覚醒作用のあるコーヒーやタバコ、唐辛子等をとることで意識の機能が活性化することで、さらに強まります。

二十七歳執筆中の時、並列的矯正が強まっている時の妄想を記します。並列的矯正が強まっている時に地獄に落とす妄想が起こると、宗教上の神はいなくとも神はいるかもしれないと強く悲観します。妄想に宗教上の神という証明ではありませんが宗教上の神ではない神という証明が生じ、高校、大学の頃の宗教上の神が証明になった頃よりはほんの少し軽く感じますが、実現するとしか思えなくなります。そして、自責を回避するため、自分を地獄に落とすことを願います。

これは忘却の働く、思い出したくないと感じた記憶ですので定かではありませんが、その妄想が生じた後、宗教の思考に染まることへのトラウマから、自ら宗教上の神に願わなくては宗教上の神がいればその神が地獄に落とすという妄想が生じ、それを強烈に悲観します。そして、私はその宗教上の神に自発的に願います。そして、その宗教の思想も証明に追加されます。

分かりにくい表現になりますが、高校、大学の頃の妄想との違いは、この証明が証明ではない、ただの可能性でしかないことを理解していること、可能性を証明であるとする刷り込み、宗教を否定しきって、ゼロにするのは困難でも限りなくゼロに近い可能性に落とせていることです。証明にならないから妄想が成立しない、悲観から証明のように感じてしまって成立させてしまうことはあっても、証明にならないと否定して成立させないことができることで、過去との比較ですが少し行動の自由がきくこと、それと並列的矯正が治まれば証明がないので妄想がそれでなくなることです。

この生じた地獄に落ちる、落とす妄想とその地獄に落ちる期間は、強まった悲観性、強まった並列的矯正、妄想によって伸び続け、ほぼ永遠のような期間となります。そうして深い水に落ちてゆく地獄に、現実の時間を過ごすにつれ、より永く深く落ちるだけであるとしか考えられなくなります。

実際に起こると確信に近く想定してしまっているので、倫理観と保護されるトラウマへの抵触による激しい自己否定と、自分への成果の完全な停止、意識の機能のほぼ完全な停止、激しい精神的な負荷が生じていました。宗教的思想を証明としたことによる自己否定も生じていたかもしれません。

その時は指、足、目線を動かせば、地獄に落とす、何年、何千年落とすと妄想し、何もできない、寝転ぶしかできないただ生きてしまっているだけの、高校、大学とほぼ同じ状態となっていました。この時に生じる感情を表現する言葉で最も適切なのは八方ふさがり、強い言葉だと絶望です。

「たかが妄想」「本当の絶望を体験したことがないからそんな言葉を用いるのだ」

そういう方は必ずいますし、私自身が自分の苦しみをそう扱われてきましたが、実際に経験してみればこう形容するのが適切と感じるのではないかと感じます。それまでの経験と、この妄想と自分の悲観、並列的矯正といった意識の状態を他者に経験させられる方法がないことを私は悔しいと感じます。それができたのならそういったことを言う方が少なくなるのにと考えます。

同調ができないことによる害

今なお同調が困難な理由は二つあります。一つは『同調をやめる』で既述した、刷込みと他者への嫉妬による同調への忌避感。二つ目はこれまでの経験と大事を成す者という自己認識から生じる思考での意識の容量の埋め尽くしです。

二つ目の思考の埋め尽くしは、大事を成す者という自己認識が大事を成すというその認識を達成しようとすることで「自己の病的思考を理解することによって、自分と同じような状態となる人間を今後生じさせないように出来る」というゴタクを抱かせ、そのゴタクを達成するために、自己を分析する思考で意識をうめること、それを乳飲み子のようであるという自己認識の残滓による、意識のあり方の基準の低下もあって許容してしまうことで生じます。同調をしていた容量を使って常時自己分析を行うため、同調を行うことが困難となります。

妄想や無力感よりも、同調ができないことが社会に適応する上では困りました。その困った点は二つあります。

一つ目は好感を得られないことです。他者を同じ意識として見ることができないということは、他者を肉人形とみているのと同じであるということです。あなたは自分を肉人形と思っている人間と仲良くすることができるでしょうか。私は無理です。

そして、同調ができていないことは簡単に相手に伝わります。伝わった場合、自分のことを意識と認識していないということを感覚的に理解することとなります。そうなれば好感など得ることはできません。むしろ不快感が生じることとなります。相手のことを自分と同じ、一つの世界を構成している意識であると思わず、相手からは意識であると一方的に認識されている状態で、自分だけが好感を向けられるなどという都合のいいことは起こりません。
働く上では、居心地が良いまではいかなくとも、居た堪れなくない環境が必要です。全員が自分に嫌悪感を抱いているとまではいかなくとも、自分に対し好感が一切ない、嫌悪感のみを抱かれている環境というのは過ごしにくいことこの上ありません。短期間の職場にいる上では困りませんが、長期間いるのなら精神的負荷が大きいものになります。仕事でも情報伝達の度に不快感が生じるので、情報伝達の滞りや士気の低下などの問題が生じることとなります。

二つ目は相手の思考を同調で読み取ることができないことです。他者の話を聞く中で、察しなくてはならない情報というものがあります。言わなくとも同調していれば分かる内容は語られることはありません。

指示された内容を同調なしでそのまま認識するだけでも、仕事をする上で問題を起こさないようにすることができる場合もありますが、同調による相手の思考を想定することが必要となる場合も度々あります。指定された場所に指定された物を置く作業では、私は同調で得られる情報抜きの情報までしか認識していません。その場所への置き方や余りがあった場合の対応は同調による思考の想定ができていれば、その相手の思考での問題ない対応をその相手に聞かなくても行うことができます。

同調ができていない場合、その聞かなくても「人の気持ちになればわかるような」ことを聞くこととなり、通常ならわかるようなことを聞いてくる間抜けとして認識されることになります。そしてそんな私を雇用する勤め先の信用を損なうこととなります。

また、仕事とは無関係ですが友が作れなくなります。そしてその状態に慣れていき、寂しいと感じる基準が高くなっていきます。ソシャゲとそのチャットで満たされ、労働をしていれば、周囲に人がいるだけで寂しさを感じない。そんな状態になるくらいには孤独になりました。

傷害を発生させる可能性

私には他者を傷つけていたかもしれないと感じる時期が二つあります。

一つ目は自分の妄想に証明を与えていた宗教という思想を否定し、取り除いていたころ、妄想が軽減され、さらに今までの倫理観などを丸々否定していた時、私は袖に断ちばさみを忍ばせて大学に通っていました。少し並列的矯正が軽減していたので倫理観に反する行動をとれるようになっており、倫理観を否定しているため、それと逆の行動をとりたがるようになっていました。また、この頃は並列的矯正、妄想の状態が酷く、大事を成す者という自己認識が実現するという、今も浮かべる幻想に完全に浸ることすら難しくなっていたので、傷害をすることで大事を成そうという思考も働いていました。

もしこの時期に誰かが私に刺激を与えて、私がそれに激昂した時、刺していた可能性があると考えます。

二つ目は今です。労働の最中に何の問題もなく作業ができる方が私を侮蔑した場合、その方が自己と同じ過去を歩んできたかをまず考えます。そして主観的に、感覚的にそれはないだろうと考えることとなります。振る舞い、言動、態度から同じ経験してきたとは考えにくいと感じてしまうからです。根拠などありませんが確信に近くそう感じてしまいます。

そのため自己に生じてきた害を味わっていない、健常に仕事ができている方とその方に嘲笑をかけられている今の私の状況の不条理に、激しい憤りを覚えることとなります。

怠惰に見られることによる不快感

意志量をかけていない、怠惰であるから成果が得られていないとみられる傾向が、物心ついた時から現在に至るまで延々と続いてきています。なぜこれだけ病的な意識であり、それを証明するような行動をとっているのにその傾向をあてはめられることになるのか。それはなまじ会話が成立し、倫理観を備えていて、自分の行動と思考を自分で責める程度の責任感があるからなのではないかと考えます。

　仕事や情報の処理も、周囲と同じとはいかずとも意志量をかければなんとか罵倒と嘲笑を浴びながら最低水準の成果でついてゆくことはできます。そのため周囲からは奇行をするし、行動や思考の違和感はありますが危険はない、ただの不能な者という認識となっているのではないかと考えます。

　授業中に屁をこき、唸り声をあげ、休み時間にゴミ箱を違う場所に持っていってあさり、移動の授業にはトイレにこもって屁をひりだしてからでないとその授業に赴けず必ず遅れるような人間に、自分と同じように努力すれば報われるような人間であるという認識を本当にもつことができるのか、と考えるのではないでしょうか。困難と考えるかもしれませんが、話が通じて倫理観と責任感さえ感じられればおそらくですが、意志量さえかければ報われるような存在として扱うようになります。

　高校と大学の奇行が目立つ頃は普段はそういった扱いをする方は少なかったですが、あまりに足並みをそろえられない時は苛立ちと、意志量さえかければ足並みを揃えられるのではとおそらく感じていたことでそう扱う、否定する方が生じました。状態が改善して社会に出てからは喜ぶべきことに常にそう扱われ、否定されています。

　周囲からの認識では意志量をかけていれば成果を得られるのに、それをしない怠惰な存在である私に対して「意志量が不足している」と示す否定が開始されます。これまでおそらく周囲と同じ程度には意志量をかけていると思われますが、それ以上に意志量を要求されることとなります。その提示は罵声や嘲笑、侮辱の言葉などで行われ、それによって過去にかけた意志量に見合う現状が得られないことへの不条理の感覚、不快感が生じます。

第五章　対策

生まれてから物心つくまで

予防策は一から四章で記した私が過ごした環境、受けた干渉を周囲は与えないこと、当人は私が抱いてきた忌避、意志量をかける傾向と同じ傾向をもたないこと。改善策は状態が改善した対処をすること、病的認識を削ること、絶縁すること、労働をすること。それらはもうすでに書き終えています。ここからはその書き終えている内容をおこして、当事者の主観から対策を記します。

何よりも重要なのは物心ついた時点で私と同じ性的情動と想像と忌避、抵抗が伴う自慰が発生していないことで、それをもたらす私と同じ環境に子供がいないことです。その環境は病的干渉を生じさせる、依存、執着、周囲から貴重と扱われるような肩書を生じさせる環境です。私が育った環境と同じ環境で子をなした時点ですでに危険な状態であり、五歳で「隠れて」自慰をしている場合は対処をするのが遅すぎます。まずは物心がつく前というよりも、生まれる前から対策を取らなくてはいけません。

問題が生じる性的情動と想像と忌避、抵抗が伴う自慰を生じさせる始まりであり中核は、病的認識です。それを発生させるのが病的干渉で、それを発生させたのが「依存、執着を受けている」「貴重な立場として扱われる肩書を負っている」という状況です。

その状況を発生させたのが次の三つです。

「険悪な夫婦仲」

「意識をかける対象が子供しかいなくなる家庭」

「近親だけでなく、その関係者がその子供の肩書から貴重な立場であると親、当人に言ってくるような過去、交流がある家」

『家庭環境と私の心境』で既述した、意識を注ぐ、依存する対象が子供しかなくなる環境によって、過剰に意識を注がれる存在、生に大きな需要がある存在であると自己を認識することとなります。同時に過保護が生じ、危険の過大な認識が生じます。

こうならない環境を目指すにはまず第一に、夫婦が互いに好意をよせ合うようにすることです。この状態であれば互いに意識を割きあうこととなります。また、険悪にならないことで、精神的負荷が生じません。この状態であれば、親が子に意識を割くことはなく、子への依存、執着がなくなり、それによる意識の傾注、過保護は生じなくなると考えます。

次に父母との二世帯同居の場合、養子に入る側をもう片方はその立場から必ず守らなくてはならないという認識をもつこと、守れるだけの好意をもつことです。立場に脅かされては自己を守るため、立場を確立させるために育児を利用する危険、子供を必要として依存につながる危険を生じさせてしまいます。

最も適切な防止方法は、その関係が築けないのならそもそも子をつくらないこと、既に子をもうけてしまっている際はその状況を早急に改善、解消することです。私はその状況に子供が置かれているのならその状況を解消することも視野にいれるべき、つまり互いが環境を劣悪とするなら、独り身のほうがまだましと考えます。

離婚と、結婚という離婚を生じさせる契約を交わす上での注意点は二つあります。一つは好意をよせ合えないのなら、困難をかかえていても押し通して別れること。もう一つは、結婚すれば離婚しにくい環境となるのであれば、好意をよせ合えなくなればその困難を押し通さなくてはならなくなるという覚悟をもって結婚することです。私のような家庭環境でなくても離婚しやすい家庭などそうないのですから、結婚するなら互いを徹底的に好意的に認識し続ける覚悟、それができる互いでなくてはなりません。

貴重な立場の者として接すると、貴重な存在であるという生の需要の認識を与えます。また、過剰な意識の傾注、過剰な保護が生じる危険、病的認識が強まる危険も生じます。

自分、相手の家が子供にそういった肩書を付与してしまう可能性があり、その家で子をなすしかないという場合は子をなすべきではないとは言いません。ただ、子をなした場合は何の捻りもなく肩書から接さないこと、そして肩書で接さないように周囲に周知、徹底させる必要が生じます。当事者としての正直な意見としては、その家との別居が許されるなら別居をすすめたいです。

宗教施設に行くのも、宗教関係者、親戚で集まって催しをするのも百歩譲って別にいいです。祖父と祖母と同居するのも別にいいですが、肩書で接するのでは、宗教施設と家の催しに集まる親戚、関係者、信者、同居する祖父と祖母も全員過度に生の需要を認識させ続ける存在でしかありません。

夫婦間で好意をよせ合う、険悪な関係でない、立場の確立の必要のない環境、また、肩書をもたらす周囲、環境を矯正、排除した「依存、執着のない、子供の肩書を排した環境」、それが病的認識、性的情動と想像と忌避、抵抗が伴う自慰（長いので以後、病的自慰と記述します）とそれによる害を防止できる環境であると考えます。また、この環境であっても、庇護欲などで過保護、意識の傾注を行わないようにしなくてはなりません。

意識の傾注を行わないと言ってもそれは無視ではありません。無視は無視された者にその発言、行動、反応をしないほうが助かる、その発言、行動、反応が相手にとっての邪魔、害であるという認識とともに、存在と有力さを否定されている感覚を与えます。この感覚を私は『周囲からの排斥と反骨精神』で既述したように色濃く味わっています。赤子、幼子が同じように感じるかはわかりませんが、もし同じように感じるのなら同じ感覚は与えるべきではないと考えます。

正常な意識の形成に必要なのは生の需要を感じさせず、子供自身の生の求めを否定しないことです。それは次の三つの要素を満たす、好きに生きて好きに死んで問題ないと示す、生の需要ではない「生の許容」の接し方です。

「目線には目線、発言、発音には発言、泣く笑うには笑い、反応に反応を返し、無視をしない」

「生きたいと望んでから与える、できる限り泣いてから授乳、排泄処理、身を守るといった保護をする受動的な最低限の保護」

「依存しない、悲しそうな、破綻しそうな表情を浮かべない、その表情で言うことを聞かせようとしない、入れこまない、子供がいなくても幸福に生きていけると示すこと」

子供に依存せず、入れこまず、心配をするような甲高い大声を出さず、幸福に、快活に笑って、子供に「自分がいなくては破滅するだろう」などと絶対に思わせないように、生きたいなら生かすという立場の保護をして、無視のないように接する、要は幸福になって生活のついでのような感覚で接してくれればそれでいいのです。それ以上などいりません。

自慰が発生した場合

●抵抗感の排除と自慰についての解説

六歳以降、物心ついてからも自慰が発生していた場合、まず行うべきは問題が生じる自慰かどうかを判断することです。それには性的情動と想像、忌避、抵抗が伴っているか否かを見極めなくてはなりません。それらが私程度に生じている場合、必ず行ってしまうことは隠れて自慰を行うことです。それらが生じている場合、人前で自慰を行うということは私には考えられません。

後は単純に二章で既述した私と同じ問題、傾向が生じていれば、それは私と同じ問題が生じる自慰をしていると考えられます。

隠れて自慰をしている、私と同じ病的自慰「性的情動と想像、忌避、抵抗が伴う自慰」の場合、解消すべき問題は自慰への忌避感、抵抗感です。「性的情動と想像を抱くな」と言われても刻みついた快楽によるそれらはぬぐえません。やめさせるという手もあるかもしれませんが、高校に上がる前まで三日間より多く間隔を空けられたことがない私にはそれができるかがわかりません。そのため、私が提示できるのは忌避、抵抗の排除までです。また、やめられなかった場合に忌避を煽って自慰が悪化することを危惧します。

自慰の際の想像の中で乳飲み子のようであると認識させられ、忌避を抱き、抵抗を無力化されることで無力感と背徳感が増すこと、つまりその忌避、抵抗の強さに比例して快楽と無力感が増大することに忌避、抵抗の害はあります。この忌避、抵抗を軽減すれば自慰の無力感と常習性が軽減します。

忌避、抵抗を削るにはまず病的自慰についての全てを余さずありのまま語ることが必要であると考えます。全てとは病的自慰が生じた要因と、病的自慰の害の内容、その害が悪化する要因と、それが悪化した場合と悪化せず改善した場合、そしてどれだけその自慰をしている存在がいるのかです。

自慰について何も知らなかったため、私は自分のことを世界でただ一人、宇宙人のような存在であると認識していました。自慰をしている自分の得体が知れず、得体の知れない自己、自慰への強い忌避感が生じ、抵抗が生じていました。それはこれまで述べてきたように自分を宇宙人のように感じたり、親に毒を盛られると想定してしまうほどです。まずはそれを取り去るべきと考えます。

子供自身がなぜ自慰をしてしまっているかを語るべきです。それがわからなければ、自慰をしている自分は何者であるかが分かりませんし、語らずに自分は生まれつき害がある存在なのかと認識してしまえば自己が劣等のように感じ、無力感を生じさせることとなると考えます。それを語ることによって自らに病的認識があることと、自己が生まれながらの異常、劣等ではないという理解が生じると考えます。

世間での自分のような存在の割合を語ることで、幼少からの自分と同じ性的情動と想像、忌避と抵抗が伴う自慰で苦しむ、自分のような方が自分以外にもいるということが理解でき、自分は宇宙人のような存在ではないと安堵し、忌避感を和らげることができます。

「忌避を抱かせなければいいのなら、単に自慰を抵抗しなくとも害が生じないような、危険性のない行為と認識させればいい」そう考えるかもしれません。しかし、個人的見解ですが害は忌避感を削って軽減はしても、生じはすると考えます。乳飲み子のようであるという想像と無力感、それらが快楽とともに刷り込まれているからです。忌避をやめて大幅に改善はしても、その沁みついた無力感と乳飲み子のようであるという認識は生じ、それが意識を害すると考えます。その想像を浮かべるな、無力感を感じるなと言って、いきなりそれができるとも私には思えません。

問題がない忌避しなくてもいい行為という言葉を信じたとして、その問題のない自慰を行っていて問題が生じている、生じたその子供は、生まれつき意識に害をもっていたと自己を認識します。それは劣等感を生じさせ、ただでさえ害している有力感をさらに強烈に害することとなると考えます。よって正確にその自慰に害があること、どのような害が生じるか、何によって生じているのか、それらを語ることがこの劣等感を取り去る最低条件です。

また、親に殺されることを想定するほど疑念を向けているわけで、その状態で害が生じないと言われて害が生じれば、疑念が悪化し、忌避を取り去る言葉が全て裏返る、裏返るようになるのではないかと考えます。

害があると言うことで自慰への忌避感を煽ると言うかもしれませんが、自慰という行為の得体が知れることで忌避感の軽減が生じて、劣等感の軽減もあり、忌避はむしろ軽減すると考えます。また、改善しないまま生育した私の例も提示しておくべきであると考えます。そうしなくては自分が改善しなかった場合がわからず、不安感と自慰への忌避感を煽ると考えるからです。

忌避がどのように働いて無力感を生じさせるかを語り、その忌避を解消することで改善が生じるということを忌避を取り去って改善が生じた方の例を提示して理解させます。そうすることで自分は劣等となることが決まった存在ではないと不安感、自慰への忌避感を解消することができます。

ここまで語ることで自己が生まれつきの劣等でなく、劣等となる者ではなく、異常でない存在ということが理解でき、忌避感と劣等感が改善します。次にさらにその忌避を取り去るために病的認識を削ります。

忌避、抵抗をやめることとはそれらを行う理由、それらによって生じる損失をどうでもよいものと認識するということです。そう認識するにはそう認識できないようにする原因、有り余る病的認識を削ることです。そして損失がどうでもいいものとなることで並列的矯正も軽減します。

忌避、抵抗を生じさせる悲観性は病的認識と、無力感という抵抗によって強まるものから生じ、同じく抵抗を生じさせる偉くなる者という自己認識は生の需要の認識によって生じ、自己認識を成育させようという傾向による忌避も生の需要の認識で強化されます。病的認識（生の需要の認識と危険への過大な認識）が軽減することでこれらが軽減し、忌避、抵抗が弱まり、さらに無力感が改善され、悲観性が改善されます。この改善のためにできることは病的認識をもたらす病的干渉をなくすことです。

つまりまず、子供に「自分がいなければ相手とその周囲が破綻する」と感じさせる態度や、「自分が貴重な立場である」と感じさせる態度をやめ、そうでないと示す態度で接するという対応を周囲はとるべきということです。それだけでも生の需要の認識が軽減し、忌避が大きく軽減します。病的認識を削るにはどのように接すればいいかを分かりやすく表現すると「自由に生きて自由に死んでいい」と示すように接することです。

その子供の意識の生育を気にかけているから、解消するように干渉してしまいます。つまり、忌避を削って改善するという改善策をとりきるなら、生の需要の認識を否定してからは、もう自慰に関して干渉はすべきではないと私は考えます。その自慰でどうなろうがどうでもいいと言外に示すことでさらに生の需要が軽減すると考えます。

●関係の解消の検討

親元にいるまま改善を試みる場合にできることは、過保護を徹底的に排除し、親戚などが集まる環境や祖父や祖母がいる環境での祀り上げをやめさせ、自分が子に意識を向けていないか、向けるしかない状態にないか、夫婦の関係は良好かを省みて、思い当たることがあるのなら改善を図ることです。

家庭に依存があったと家庭内の方々が認識することは困難です。家庭の外から見れば過保護に見える程度でしかなく、家庭内でも子供への対応自体にそこまで変わった点はないと認識しようとしてしまいます。だれも自分の家庭に依存があるなどと正確に認識したくないからです。そして依存する側、される側、周囲が依存ではないと認識したまま、その認識を刷り込み続けます。

実際は意に背こうとした際の自己、周囲が破滅するかのような悲嘆、意に沿うまで続く意見の提示、高頻度に生じる「父か母、誰の味方をするのか」「自分の味方ではないのか」という悲嘆、好感のない、敵として相手をみる夫婦喧嘩と、何度も繰り返される「離婚するなら父、母、どちらについていきたいか」という質問、それを父親の前で行い、私に「母親である」と答えさせることで喧嘩、攻撃を沈下させていたこと、といったように挙げだせばほかの家庭と違うであろう点は出てくるのですが、それらを全て主観からただの夫婦喧嘩、会話と意見交換、意思疎通で片づけ、家庭の全員がそう刷り込み続けてしまいます。

子供も問題、害をその母親との「ただの意思疎通」のせいにするのは単純に情けなさすぎる、格好が悪すぎるという認識が先述の刷り込みとあいまって、その「ただの意思疎通」をただの意思疎通と認識し続けようとしてしまいます。私が自分の家庭に依存があったと断定できたのはこの本を書き始めてからです。

そんな受け入れがたい依存の有無を正確に判断するには、自分の家庭の現実、自分のふるまいの現実を、例え悲惨なものであってもそのまま受け入れる心構えをしたうえで、それまでの子供へのふるまいの思い出し、それへの徹底的な客観視をしなくてはなりません。とはいっても、依存をしてしまっている精神状態でそんなことができるのか、と聞かれれば、それを受けていた私はまず不可能なのではないかと考えます。

仮に依存があった、貴重な立場であると示す接し方をしてしまっていたと理解できたとして、親元で改善してゆく場合、それまで育ってきた家で親（私の場合は母親）から保護されている限り、二章の『連想と保護されることによる無力感』で記述したように保護されていることを認識するだけで自慰の際の想像を連想し、無力感が生じることとなります。また、その自慰をしていたことを思い出させる方と、その自慰をしていた場所という刷込みが染みついている環境に身を置くだけで連想によって無力感が発生します。つまり過保護、自慰を強烈に連想させる家と、連想させる方の親の元で居続ける限り、無力感を感じ続けることとなります。

さらに、自らに生の需要が生じている家、過大に危険を認識させられる環境という認識が刷込まれているため、その場にいるだけで連想によって生の需要の認識、危険への過大な認識、つまり病的認識が生じてしまうこととなります。

何をするにもまずは親が依存があったと理解し、子供に「あなたが死んでも私は幸福に生きていける、破綻しないし、周囲も破綻しない」と示さなくてはなりません。そうでなくては生の需要の認識は残り続けてしまいます。

それが済んで子供を親と家から離すとなった場合、引き取り先は病的干渉について理解しておかなくてはなりません。その理解がなければ、親元よりははるかにましかもしれませんが、家にいた頃に近い対応をとる危険を捨てきれません。それ以前に、引き取ってくれることを了承してくれる先がいるとも限らなければ、その引き取り先が病的干渉について理解するのか、その時に世間がこんな何の確証もない、主観しかない、私のようなイカレの意見を一般的な世論として受け入れて、広めているかがわかりません。

令和五年の今の世論でできることはせいぜい自慰について余さず語ること、夫婦関係、周囲を改善すること、あるいはその祀り上げを行う周囲がいる環境、連想を生じさせる環境、依存を生じさせる関係と環境、それらを破壊するための関係の解消です。解消後は家から子供を離脱させ、父母どちらが引き取っても絶対に依存をしないこと、放任すること、今できることなどそのくらいだと考えます。

●自慰を止めるよう干渉するか否か

やめるよう干渉すべきか否か、それは病的自慰をやめた場合が想像もつかないので判断ができません。私の経験だけでは抵抗しながら続けた場合と、抵抗しないほうが改善が見込めることまでしかわかりません。抵抗せず続けた場合と病的自慰を忌避しながらやめた場合、忌避せずやめた場合、それらの経験でどれがどれだけ確実で、どれがどれだけ改善をもたらすかがわかりません。それ以前にやめられるのかすら分かりません。私にとっては高校より前は三日より間隔を空けられた経験がないので、そこからは未知の領域です。

ここからのこの節は考察を記します。あくまで害が生じるのは、乳飲み子のようであるという自己認識と忌避感、それらを抱いてしまう「病的自慰」です。乳飲み子のようであるという認識がなくなり、忌避感がなくなれば無力感は生じません。私の経験した高校の時の、自慰の想像の初期化と再構築を起こせればそこから自慰の影響はなくなります。想像の内容が女性に抱かれる無力な乳飲み子から、乳飲み子のようではない男性となるからです。高校の時にそれらが生じた要素が大きく四つあります。

① 寮で無力感が発生すれば知り合ったばかりの上級生、同級生、周囲からの排斥、責め苦が生じると考えたことで自慰を長期間やめる必要性が生じ、自慰の想像の内容の初期化の期間が確保できたこと。

② 親、家から離れ、病的自慰を行い、幼子のような存在であるという認識を刷り込んできた風景、人物、質感、環境ではなくなることで、思い起こし、連想で幼子のような存在であると認識してしまうことによる自己認識の生育の阻害がなくなったこと。

③　射精感によって睾丸中心の自慰から陰茎中心の自慰への変更が可能となったこと。
④　体が保護される存在、乳飲み子を連想させるような無力なものではなくなっていたこと。性を忌避する状態ではなくなっていたこと。

これらの要素によって、自慰を一度、それまでにない長期間（おそらく一月程度）やめ、自慰の際、自己が乳飲み子であるという認識が生じる想像の内容を初期化し、一般的に想像しやすい女性を抱く想像に再構築しました。それによって自己認識も生育しました。この初期化と再構築が行えたことで、自慰をおこなってもそれは乳飲み子のようであるという認識が生じる自慰ではなく、性的忌避も生じないため、無力感が生じなくなりました。

高校からは先述の要素全てを満たせると考えられるので、その時期になれば①と②を満たす環境に身を置けば初期化と再構築は生じると考えられます。この初期化と再構築を行う場合、必ず満たさなくてはならないのは私のように意志量を過剰にかける傾向が生じていないこと、過剰な自己達成の欲求が生じていないこと、並列的矯正の傾向をそれまでに改善しておくことです。

二次性徴より前と、二次性徴後の高校までにこれができるかはわかりません。二次性徴に入る前では③が満たせないことで、睾丸中心の自慰であることは変わらず、乳飲み子の想像から離れられないのではないかと考えます。④も満たせないと考えます。二次性徴に入った高校の前の期間では③は満たせますが、④が満たせない可能性があります。とはいえ、私の経験がないだけで、一般的に想像しやすい情事を想像して自慰ができることから、二次性徴後の期間は再構築が可能な方が大半なのではないかと考えます。

初期化と再構築が行えなくても、病的干渉のない、連想による無力感が生じない環境による自己認識の生育と感覚の変化は生じると考えられるため、親元、今ある環境から離れること自体は大変改善に有効と考えられます。

「意志量を多くかける必要性の認識から生じる意識の害の悪化」の防止

倫理観と共感性の刷込みと、意志量を多くかけなくてはならないという認識は意識の害を悪化させます。倫理観は妄想での自分に対する罰を悪化させます。共感性は他者への劣等感を悪化させます。意志量を多くかけなくてはならないという認識は並列的矯正を悪化させます。

噛み癖があっても、自慰をしていても、倫理観や共感性の過度な刷込みは必要ありません。それらを刷込まなくてはならないと考えるかもしれませんが、生の需要の認識によってこの二つは過剰に身につく傾向が出来上がっているため、むしろ過剰に倫理観と共感が身につかないかを危険視すべきです。倫理観と共感性を日常的に刷込む宗教などは私と同じ状態、自慰を幼少からの継続が生じている方には害に働くこととなります。

意志量を多くかけなければならないという認識を子に持たせないために必要な要素は四つあります。

① 病的認識を排除することで成果を確保すること
② 肩書を取り除くこと
③ 結果が出ない原因と自身の今の意識の状態を正確に理解させること
④ 必然的に起こる、意志量を多量にかけなければならないと感じてしまう機会は必要最小限に抑えること

無力感と悲観性によって自慰の悪化と認知機能の減退が生じ、成果が減少します。①によって成果が一定以上収められれば、かけようとする意志量も少なくなります。まずは成果をあげるために自慰と認知機能を改善することが必要と考えます。そのためには無力感

と悲観性のもととなる病的認識を改善するのが最も効果的であり、それは『自慰が生じた場合』で既述したように病的干渉を消し、病的認識を削ることで達成できます。

偉くなる者、大事を成す者という認識を達成するために意志量を多量にかける傾向は生じますが、それだけではなく悲観性によって傀儡となり、肩書を達成しよう、子供を優れた者にしようという親の求めを忠実に達成しようとしてしまうことでも意志量を多量にかけようとする傾向が生じます。悲観性を解消する対処、つまり病的干渉を消すことには祀り上げをやめることも含まれます。その際に②を実行します。それによって傀儡化を軽減すると同時に、肩書による親の子供への高望みも生じなくなることが望めます。

③を実行し、結果が出ない原因は意志量の不足ではなく、悲観性と自慰の無力感をもたらす、刷込まれた病的認識によるものであると理解すれば、病的認識の改善が生じ、同時に意志量をかけようとする傾向を軽減させることができます。また、自分の意識が意志量をかけられない劣等なものであるという誤った認識を防ぐことができます。

習い事などの意志量をかけることを強制される場に置かれることによって、物事に当たるうえで意志量を多量にかけなくてはならないと刷込むこととなります。その刷込みは習い事以外の、学校などの必要な機会でも否が応でも生じることとなります。それならそれで、④を行わなくてはなりません。その機会による意志量を多大に見積もる傾向の発生は、学校だけで多大に過ぎます。

運命などない。意志を働かせ思考し、精神的負荷に耐え、最善を尽くせばより良い未来を得られえる、得られないのは自分の意志の力、気合が、その量が足りないから、その足りている意志量に付随する精神的負荷に耐えようとしていないから、弱いから、そう物心ついた頃から考えていました。

私の経験してきた自慰は、その自慰をやめよう、それを拒絶しようと忌避感を抱き、抵抗すれば抵抗するほど快楽、敗北感、無力感が強烈になりました。できることならやめたかったし、それが最善であるとわかってもいました。そして忌避し続けました。それでも快楽が大きすぎてやめられませんでした。高校に進学するまで、いくらやめようと考え、意志を費やしても、三日より多く間隔をあけられたことはありません。

病的認識を与える関係を解消することが最善とわかっていても、解消すれば破滅する、死ぬ、周囲も巻き込んで破滅すると親が言外に示していたとすればあなたはどうするでしょうか。自分の意識の状態のために小学生、中学生の頃にその破滅をよしとできるでしょうか。

それ以前に『●　関係の解消の検討』で記したように、ただの意思疎通と刷り込まれているのに、その頃に重篤な病的関係であると正確に認識できるのでしょうか。自慰の無力感に侵された私にできたことなど、感覚的に病的であると感じて依存を感じる行為に嫌悪の表情、態度を表し、「ほっといて」という言葉を発するくらいでした。

私は高校、大学と通いましたが、そのどちらも家から離れて、寮住み、下宿住みでした。妄想と病的認識をある程度大学の間に改善し、社会人になってからは絶縁をもちかけました。病的認識を最小限にするにはこれが既述したような妄想と意識の害を生じさせた上でとれる、私にとっての最善策でした。

妄想ですら小学生の頃から意志を働かせ、成果を求めてしまったがためにその必要量を多く見積もり、自慰の改善、反骨精神と自己達成の欲求でさらに意志をかけ、それが並列的矯正を強烈にすることで生じました。

記憶は薄いですが、自宅療養で妄想にほんの少しの落ち着きがあったのは精神科の先生が指示したのかもしれませんが、親がしきりに「もう頑張らなくていい」と言うようになり、私が意志量を下げるようになったからなのではないかと感じます。

意志を働かせる、思考して自分の状況を理解する、改善、防止策を実行する、それらには限界があります。意志を働かせていない、それが弱いから害が生じているなどということはないと考えます。

「改善しようと足掻いていないから、足掻きが足りないから害が生じたままなのだ」「自分に起きることを他の責任とし、責任を、意志を、思考を、実行を放棄しているから害が生じる」こんな言葉が言えてしまう方は意識の害を経験したことのない、意志を働かせればある程度のよりよい未来は確保できてきた想像力に乏しい方でしかありません。

足掻けば足掻くほどに沈んでしまうことすらあります。私の場合、自慰と妄想がわかりやすい例になっています。

ちなみに絶縁をもちかけることができたのは意志を働かせたからではなく、大学の期間中に病的認識、倫理観、妄想の軽減ができたから、自分の意志の弱さから自分の苦しい今があるという認識を捨て、自分の過去、経験と今を認識し、その不条理を認識したからです。そこからは早かったです。意志など働かせずとも、自然と病的な関係を破壊すると考えて、実行しました。

命令と希望の差異

母は決して私達に対して命令はしていないつもりでした。あくまで自分の指示は提案であるとしていました。

母は私が意見を聞かない、沿わない態度をとると決まって泣き落とし、悲壮感を漂わせるという態度をとりました。それが私はたまらなく不快でした。「言うことを聞かないと自分の意識は破綻するぞ」と言われているようでした。その度に言うことを聞かないとこの人と周囲が破綻する、家庭が面倒なことになると感じ、言うことを聞いてきました。

悲観性によって母の態度と行動を大げさ、過大にとらえていたということもあるのではないかと問われたら絶対にそれはないとは言い切れません。ですがなんにせよ、その破綻するという想定を私は抱き、その想定から母のその提案を聞き続けました。この母の強制は思想にも、習い事にも有効でした。思った通りの習い事をさせ、思った通りの思想を強制させせました。私にとってこの提案は命令よりもタチの悪い行動と思想の強制でした。

ただでさえ悲観性と自己が異常という認識から傀儡となる傾向が生じているので、間違っても破綻を感じさせる提案、強制だけは絶対に行わないことです。傀儡化が生じている意識は、その提案を精神的負荷や多量の意志量を用いてでもかなえようとしてしまいます。

妄想にまで発展した場合

もしこれらの改善策を取らず、自慰を改善することができず、意志量を過大にかける必要性の認識が生じ、妄想が生じることとなった場合、その状態から自分を改善しなくてはならなくなります。この状態となった人生はこんな文章を書いてしまうようになる程度には最高でした。それをどれだけ上等にできるかというのがここからの内容です。

まずは改善に向かう意欲を確保することです。妄想が生じる場面まで来るということは私と同じ、ここまで述べてきたような経験をしてその状態となっているということです。その場合、今経験している害とそれまで経験してきた害、意志量をかけてきたことが無駄だったことで、先が見えない状態となります。少なくとも私は明るい未来を目指しはしても先など見えませんでした。

そんな人間に治ったらまた元の状態に戻れると言ったところで、それは治ったらまた同じような苦しみを味わう状態に戻ると言っているのと同じです。少なくとも私はそんなことを言われて嬉々として改善しようなどとは思えませんでした。

精神科医に「今まで自分が生じさせている害が生まれつきのもので、周囲から考慮されるようなものだ」ともし言われていればその言葉に安堵していたと感じます。散々その害で苦しんできて今更烙印を押されることに腹は立つことにはなっても、そう言われて自分を位置づけられてでも、自分の苦しみがなくなるのならそう位置付けられてもいいと考えていました。

周囲もその害を考慮してくれる。もう意志量の不足を否定され、侮辱されることもなくなって楽に生きられるようになるのならそうなっていいと思っていました。

私が診察で受けた言葉は遠回しな表現をなくせばこうです。

「あなたは強迫性神経症です。これが生まれつき生じる要素はあったかもしれない。害は治るわけではないが一生かけて付き合っていき、だましだまし周囲と同じ環境で生きていくしかない」

率直に「なんだそれは」と思いました。

自分の害が意志量不足で生じたのではないのかもしれないと感じられて、自責の念が軽くはなりました。ですが、これからも害は考慮されないし、今までと同じどころか追加で生きにくくなるような害を背負って、さらに大きな責め苦を味わって生きていくことになる。それに自分が今までかけてきた意志量は一体何だったのかと考えると、回復させる気など起きるどころか、むしろゴッソリと消え失せていました。とはいえ烙印を押されることによる劣等感を避けられたことだけはよかったと感じます。

それでも社会にまじるしか選択肢が残されていないのなら改善に向かうしかありません。ですが改善して社会にまざったところで、苦汁をなめさせてきた周囲にまざって、さらに今まで以上の苦汁をなめることになると考えると嫌気しかありませんでした。正直もう社会にまざることも嫌でしかなく、回復への意欲など毛ほども起きませんでした。

意欲が足りない状態では順調な改善は困難となります。まずはそれを確保しなくてはならないと感じます。そのためには改善した後に希望を持たせることが重要であると考えます。

身も蓋もありませんが、希望を持たせるにはその希望を抱くに足る報酬と環境が必要です。その報酬はこれまで既述してきた害による苦汁を精算できるだけのものであり、自分自身がその報酬を得るに足る成果を成したことへの報酬でなければなりません。等価の報酬でなくては自己を肯定できません。そうでなければただの同情で、何の有力感も得られません。

そうなると、意識の機能が大幅に害されている状態で提示できる、その報酬を得られるだけの成果が必要です。そんなものはないと思えますが、一つだけそれを満たせるものがあります。それは自分自身の害に関する記憶の提供です。それにはその提供を勧め、それを受け取り、報酬をだす環境が必要です。

しかし、今はそんな仕組みはありません。今できることは改善した後、出来るだけ苦しまない、適性のある環境の斡旋をすることを処置をする側が約束することで、意欲をできる限り下げないことであると考えます。

思想の全否定

意欲があろうがなかろうが、当然苦しいのは嫌だったので回復は目指しました。まず行ったのは、その妄想に証明を与える思想の全否定です。それができたのはその思想を抱いてしまう環境から離れていたからです。具体的には礼拝を常に行わなければならない、周囲にその宗教を信仰している方しかいない環境から離れていたからです。

バナナを皮ごと食べたり、シソを噛んだりするだけで並列的矯正は軽減します。それは効いていると勘違いしているというわけではなく、明らかに軽減します。感覚、思考とは脳内で成分が飛んで生じるもので、薬やら成分やらでそれを変えれば脳内で起こることも変わり、並列的矯正という否定的感覚、思考も軽減します。これによって妄想の内容が実際に生じると感じる傾向が軽減して妄想で自責しなくなる、または並列的矯正を行わないように矯正していくこともできます。

ですが宗教的思想、日々周囲から刷り込まれる理由、証明（理屈）のある宗教の思想、その宗教上の神という証明による妄想があると、その実際には生じないという感覚、軽減も、その証明によって生じるとされ、その感覚を無にし、実際に生じるという感覚が上回ってしまいます。

また、生の需要の認識から生じる過剰な自己保全を削減しようという思考が働くことで、自責の妄想によってこの自己保全を削減しようという思考がこの宗教、その宗教上の神という証明を信じようという思考を生じさせていました。その思考が自責の妄想で奇行と報酬の停止という害が生じた初期（高校一年の中頃）の頃、信じる度合いと自責の妄想の利益と害の採算が甘い頃の「信じないほうがいい」という思考をねじ伏せ、その証明を信じさせていた記憶があります。

この信じる度合いと利益と害の採算がとれないと分かってそれ以降も、この自己保全の削減のために信じさせようとする傾向は潜在的に働き続けていたようにも感じます。

周囲が日々刷り込む理由（理屈）づけされた証明ではない、漠然とした証明の妄想では、薬を飲んでその証明が揺らげばそれを否定して終わりです。宗教的思想を排除した今の私の妄想は、宗教上の神ではない漠然とした神が証明になる妄想です。並列的矯正が強まった際に起こったその妄想は、先述のシソと皮ごとのバナナを食べるだけで実際には生じないと感じ、改善してしまいました。

それに対し、周囲が日々刷り込む状況にある理由（理屈）づけされた証明のある妄想は、その証明を揺らがせることも、否定しようとさせることも困難であり、その証明から妄想が実際に生じると意識が言い続けることとなります。「周囲が日々刷り込む状況にある、理由（理屈）づけされた証明のある妄想」と「周囲が日々刷り込む、理由（理屈）づけされた証明ではない、漠然とした証明の妄想」とではその解消の困難さが天と地ほどに隔たっています。

願いを叶えることへの証明を与えるのは、その宗教とその宗教上の神です。その証明がある限り、妄想が確実に実現するという誤認が何を改善しようが残り続けることとなります。まずはこの宗教の思想を否定しようという思考とならなくてはなりません。そうなることで証明が否定されていき、その証明による妄想が生じないようになりました。

その宗教の解釈を変えればいいと考えるかもしれませんが、私の経験上、それは難しいように感じます。宗教的思想を信じ、妄想が強く働いていた高校、大学の時、その宗教についての書籍を読んだり、教義を専門で教える教員などに話を聞いたりして、その宗教の神が私の妄想での願いを叶えないことの証明を探していました。本来自分よりも遥かにその宗教に関する正当な知見をもつ教員や書籍の言葉は、自分のその宗教の解釈よりも正しいと感じるはずです。ですが、私にはその言葉のどれもが気休めのように感じられました。

なぜなら教祖本人の語録から思想を形成すると、その思想が絶対と感じるようになるからです。教祖本人の語録で「願いを叶える」という言葉が記されていました。その記述はその宗教を信仰する者にとって絶対の正解です。別の解釈を教員から説かれても、神の言葉の代弁者が解釈違いを起こすような言葉を紡いで人を惑わせるのかと思考することで、その解釈が戯言にしか思えないようになっていました。

悲観性によってそう感じてしまう傾向にあったということは分かっています。ただ、悲観性を差し引いても、一度その教義に精通し、その教祖の語録などを主軸に証明を構築すると、別の解釈の証明を再構築するのは困難であるように感じます。

初期の頃は信じる度合いが低く、この頃に否定できるようにすれば思想の順調な否定も狙えると考えますが、生の需要の認識からくる自己保全、それを削ろうという思考が自責の妄想を信じさせようとします。この際、ただ否定すべきといったところで否定はできないと感じます。過ぎた自己保全の傾向を削ろうとするのは至って自然な傾向なので、自己保全を削るなと言っても無意味です。否定しようと思わせるには、自己保全を削る傾向はそのままでいいとした上で、証明を否定して自責の妄想をやめなくてはどのような顛末となるのかを私の例で示し、その証明の否定の必要性だけを認識させなくてはならないと考えます。

この思想を信じきっている場合、その思想を否定することに対して抵抗が生じることとなります。この思想を証明として成立させる神が実際にいた場合、それを信じなかった私はどれだけの罰を与えられるのか。信じない間、罰がどれだけ成立するのか。信じていなければ、その神を好きでいなければ自分が許される存在ではなくなってしまう。そう考えると信じるしかない、信じようと感じました。

また、常に生じている罰の取り消しを常に神に願うことで、その神を信じてその思想に染まることになっていました。

このような信じてしまう傾向が生じている思想を他者が一方的に否定しても、全く効果はありません。否定するには自発的に否定するようにならなくてはなりません。

自発的に否定するようにならなくてはならないのなら何も他者ができることはないと考えるかもしれませんが、配慮できることはあります。それはその思想に染まる環境、つまり日常的に儀礼を行ったり、神に願う機会が生じる環境から離し、それらがない環境に移すこと、または移ること、移ろうとすることを止めないことです。その環境により思想を信じないようになり、否定することへの抵抗感が薄まっていき、思想を、神を否定できるようになりました。

私の場合は高校の寮や家という、日常的に儀礼を行う環境から離れ、それらをしなくてよい大学の下宿に移ることでした。この場合大学の下宿である必要は全くありません。下宿では布教活動や、頻度は下がりますが儀礼も行うことにもなっていたので、その信仰する要因がましになった程度でした。私がより強く宗教を否定できるようになったのはその宗教の大学の下宿にいた頃ではなく、家族に絶縁を持ちかけ、宗教を連想させる要素の一切ない環境に移ってからです。

環境の変化もですが、薬の服用を完全にやめたことも思想の否定をもたらす大きな要素となりました。その思想を持つことの害と苦汁を過剰に味わえば、自ずとその思想を否定しようという傾向が生じます。不安を和らげる効果のある薬は強すぎる刷込みを防止したり、症状を和らげたり、改善を促したりもできますし、「周囲が日々刷り込む、理由（理屈）づけされた証明ではない、漠然とした証明の妄想」なら、それで十分改善するかもしれませんが、「周囲が日々刷り込む状況にある、理由（理屈）づけされた証明のある妄想」の場合、苦しみを味わうことで生じる自発的な思想の否定を妨害してしまうことにもなります。

こうして思想が否定できるようになり、薬をその頃には全く信用しなくなっていたので薬による軽減もなしでしたが、それでも私の妄想は改善されていきました。

思想の否定をしようとできるまでになれば、倫理観を守って自らを守ろうとしている場合ではないという思考となれていると感じます。そこでようやく自らで妄想を反射的に許容してしまう要因、「犠牲の妄想がなければ自慰を改善させる以前、妄想を発生させる以前の認知機能に戻ってしまう」「犠牲の妄想を浮かべていたほうが認知機能が以前よりまし」という潜在的誤認の矯正に移ることができると考えます。

犠牲とはいわば生贄です。その何かを犠牲にしているという感覚は対価を支払うという印象によって、成果を得られるという認識を得て認識の採用性を上げます。それによって認知機能をあげます。これを病的自慰をしてきた不能な意識と誤認している意識に用いて認知機能を上げると、これらの誤認が刷り込まれます。その後、自責が積み重なってからは全く役に立たないどころか、ただ認知機能を損なうだけのものとなります。

この認知機能が改善された印象が残っていることと、今でも何かを対価にする妄想が生じ、そのまま妄想を無視して成果を得てしまうことでこの妄想が成果をもたらすという誤認が残ってしまいます。また、言葉にしなくてもすでに妄想は認知機能を大きく損ねるものとなり、それまで生きてきて最も酷い意識の状態と理解できていると認識していることで意識にその誤認がないと認識してしまいます。

潜在的誤認があることを言葉にして、「自慰を改善して無力感が改善しているからそれ以前の認知機能には戻らない」「犠牲の妄想を発生させた際の認知機能は、対価で成果を得られるという認識が生じても認知機能への害で足し引きで大きくマイナスとなり、妄想のない今のありのままの認知機能の方がはるかに優れる」と正しく示すことで、この妄想の許容の原因となる潜在的誤認を表層に引きずり出し、矯正することができます。

悲観性の軽減

思想の全否定と同時に真っ先に行うべきなのが、病の根幹である病的認識の削減です。その削減に必要なのはその認識を生じさせる病的干渉を排除することと、病的干渉を受け続けてきて、病的認識が刷込まれた環境から離れることです。

悲観性を解消すれば妄想をつくりだす並列的矯正を改善することができます。並列的矯正を改善することで妄想が軽減し、妄想が軽減されれば妄想による無力感が軽減され、無力感という悲観性を構成する要素が解消され、悲観性、妄想が改善します。これが最も効果的な妄想を解消する方法です。

自分を罰しようとする要因となる倫理観は、生の需要の認識による自己保全と無力感、悲観性から生じています。そのため病的認識を削ればおのずと倫理観も削られ、妄想による自罰も解消します。同時に妄想に証明を与える思想を否定することに踏み切ることを促進することができます。

精神科医とカウンセラーからは自分を許容しろと言われたことがありますが、それは私がいうところの、並列的矯正を弱めろと言いたかったのでしょう。ただ、妄想に証明を与える思想の否定も行わず、その妄想によって苦しむこととなる要因の倫理観の解消もせず、薬を飲んで自己を許容しようとしても、全く許容など、並列的矯正を弱めることなどできませんでした。

病的認識を解消するには、それを刷込まれ、連想によってそれを認識してしまうようになった環境を解消することです。私の場合は家との関係を断絶しました。そうすることで連想での病的認識の再認識が生じなくなり、肩書もなくなり、一切の保護がなくなり、一気に私の妄想の症状は軽減しました。

断絶する場合、受けてきた恩を踏み倒すことになります。私は金、恩をたくさんかけてもらってきました。単に社会に出たくなかったから、試験などあってないような私立大学に進学したり、習い事で多額の金を私に使ったり、高校も私立だったりと、それはもう多額の金です。それらを全て踏み倒しました。そんなことをするのですから、それはもう散々な言われようになります。しかし、そうしなくては今も私は病的意識のまま妄想に苦しめられ、実家の暗い部屋でパソコンの動画を眺めるか、情けない自己を認識しながら、薄い眠りの中で悪夢を見ていたでしょう。

関係を断絶したのですから、金による援助も断つこととなります。この時、断絶すればその後は絶対に何の補助もしないと親側が断ずることが重要です。それには次のような言葉をかけることをすすめます。

「あなたはどうなってもいい。絶対に何も助けない。何かの請求が来てもこっちは絶対に払わない」

金で世話をされている、守られているという想定、妄想ができてしまえば無力感が生じる要因を残してしまいます。それでは絶縁をしても改善の効果は下がってしまいます。その要因を消すためにも、明確に存在をどうでもよいものと扱い、何も干渉、保護しないと示すことが重要です。

金の援助がないのなら、当然自ら稼ぐしかありません。そうして自ら金を稼ぐことで自分が自立しているという認識による有力感で、無力感を改善することができます。この自己の生に需要が無い状態と、無力感が大幅に改善されることにより悲観性が大幅に改善し、妄想含めた意識への害が改善します。

求めれば親は犠牲になって自己に利をもたらす存在、自己と同じ存在、重なる存在という潜在的な誤認も、求めても犠牲にもならないし、利も、金も生じなくなり、交流もなくなることで、求めても犠牲にもならないし、利など帰ってこない、自分とは同じでもない、重ならない、全く別の存在であると誤認を矯正することができます。

ただ、金を稼ぐにも、私と同じような妄想を浮かべる状態になると、社会に混ざることへの大きな抵抗が生じることとなります。この抵抗は、社会の中で自分の分際が明確になることによって、その分際とこれまでの自己認識との差が生じることによる忌避感とか、そういったことに対する抵抗ではなく、好待遇だったこれまでの生をさらに上回る、手厚い待遇が待つことに対しての気後れです。

労働の困難

妄想によって本来見えているものと違う認識をする。自罰的な妄想で行動が止まる。自分を報わせることをやめることで意識の機能を自ら削ぐ。こういった状態でいきなり金を稼ぐとなったところで、これらが強烈に発生している場合、満足にできるような労働などないといってもいいです。私はこれらが強烈に発生している状態で様々な労働を行ってきましたが、本当に何一つ満足にこなせる労働はありませんでした。

今は建設現場の搬入作業を主に行うようになったのですが、その前に行っていた、コンベアーで流れてくる容器に蓋をつけ続ける作業も、スーパーのレジ打ちも、スーパーなどに発送する前の冷蔵庫での荷積みも、清掃も、コンビニのバイトも、介護職も、それら全て、周囲にあわせ、満足にできていた仕事などありませんでした。ちなみに、コンビニのバイトに関しては十日で干されてクビになりました。コンベアーでの流れ作業では働きすぎもあったのですが、いくら集中しようと思っても何度も眠って化粧品の容器を素通りさせていました。

おそらく十数個に一つ程度の割合で素通りさせていました。そんな状態で働いたところで無力感が生じるし、金を稼いでも周囲におんぶにだっことなり、有力感が少ししか生じないため、無力感の認識の解消があまり進みませんでした。そのため、労働を始めたばかりの頃は妄想も少ししか軽減しませんでした。そして働くためにはその妄想を改善しなくては周囲についていけません。

そんな状態なので、侮蔑と排斥を果てしなく受けることとなります。不甲斐ないですが、私が経験して提示できる意識を改善する方法は、この絶縁と労働による改善しかありません。自分の知識、能力といった資本で報酬を得ることで有力感が得られて、暮らしに何も不自由しないだけの額を稼げて、労働をすることを困難とする侮蔑と排斥を受けない、そんな労働が意識の改善のためには必要であると考えますが、今はそんな職も仕組みもありません。

大学の二回生くらいからバイトを始めたのですが、その頃は親との関係を断絶していなかったので、生の需要の認識の解消が制限されており、意識の害が全く改善できていませんでした。それでも労働では責任が伴います。改善が制限されているにしてもその責任を果たすためには改善させるしかありません。

生の需要の認識は改善が制限されているのなら、それ以外で改善を目指すしかありませんでした。そこで、悲観性を強める危険への過大な認識と意志量を削ることにしました。意志量を削るには、削っても問題ないという認識が要ります。

自分にとって譲れない大切なもの、損なえば問題が生じるものだからこそ、それに関する物事に意志量が生じます。意志量を削るには、損失が些細なことであるという危険を低く見積もる認識をもつことが必要でした。それによって少し悲観性による害は軽減しました。

ですが、後の労働による意識の改善を薄めてしまうこととなりました。労働による改善を期待するなら、既述した環境の解消の過程を踏んでから本格的に行うことをすすめます。

労働による改善

ここまで記述してきた過程を満たせば、もう尻を切ったりしないし、大勢のいるところで唸ったり屁をこいだりしない程度には状態を回復できます。ですが、並列的矯正に意識の容量を割いてしまう傾向を改善できてはいません。妄想は並列的矯正に割かれる意識の容量が大きいほど悪化し、意識を不能とします。

この場合、目の前の現実的な内容に意識を用いてその容量を減らすことで、大幅に妄想を改善することができます。それには並列的矯正に意識の容量を割く余裕がない状況に自身を放り込むことです。その状況とは失敗すると遠慮のない罵詈雑言、侮蔑と、どの職場でもそうですが責任がともない、それによる損失が降りかかる危険がある環境、つまり荒い労働です。私の場合のその環境は建築現場の搬入作業員でした。

この労働によってその時、目の前に注がれる意識の割合が大半を占めることになり、妄想が改善しました。妄想が生じる頻度に関しては全く改善はしませんでしたが、損失を過大と認識する傾向が軽減され、以前のような絶望を感じるほどの妄想は労働をしていれば生じなくなりました。

自己を報わせることとしか許されない環境に自己を放り込むことによって、意識を肯定する傾向が生じました。その肯定は「意識を矯正し、その矯正する意識を肯定する」という歪んだ方法をとっていたため、矯正を行う意識も強化されることとなりましたが、意識を肯定する傾向が生じることで、認知の際の認識の採用が肯定されるようになって認知機能と行動と判断が改善しました。高所作業などの危険にさらされることで危険の過大な認識も改善しました。

仕事を果たさなければ大目玉を食らう環境で、その仕事を果たすことへの強烈なひっ迫を感じ、その労働を無理矢理に果たすことで無力感の改善が生じました。また、労働が果たせる意識のあり方とならなければならないというひっ迫が生じ、意識のあり方の基準の認識が一段下がるにしても、その労働をなんとか果たせる程度の処理能力、意識のあり方、集中と行動、言動を発生させられるようになりました。

自己を否定すべき意識と認識した際の、自己を報わせないようにする思考も労働が改善をもたらします。この思考の改善には四つの要素が必要です。

一つ目が、病的認識の軽減による状態の改善、報わせてもよいと感じる意識への変化。同じく病的認識の軽減による「否定すべき意識を矯正（否定）しなくてはならない、許容してはならない貴重な自己」でなくなることでの、自己を報わせる傾向の形成です。

二つ目が自己を矯正しようとする、許容しないようにする、刷り込まれた思考の傾向の排除。

三つ目が、「自己に否定の感覚を覚えた瞬間、また同じ不快を味わいたくないと感じたその瞬間に、意識は肯定するべき意識となる」そして、「その否定の感覚を覚えた自己を否定することは、否定した要素をもつ意識となることと同義である」と正しく認識すること。

四つ目は三つ目の思考による、刷り込んできた「自己に嫌悪、否定すべきという感覚を覚えた場合は、その自己を否定し、罰を与え、報酬を停止しなくてはその意識は否定するべき意識のまま固着する」という認識の破棄。

これら全てを先述のような荒い労働はもたらします。個人的に、一と二の要素がない限り、三のような言葉を提示しても大した効果はないと考えます。なぜなら一と二がなければ、自己を肯定してもよいと感じられる状態、意識にならず、肯定することで貴重な自己をおざなりにすることもできず、肯定するしかない状況での、三の思考の有用さも実感できないからです。実際、私は一と二を満たさない時に三に近い言葉をかけられても、ゴタクとしか感じませんでした。

荒い労働によるこれらの改善の結果、私は世間でいうところの「動きはするが要領が悪いやつ」程度にまでなることができました。絶縁してから一つ目の会社以外は人手が充実しており、役目は回ってきませんでしたが、その会社では一年間ほど現場で頭になって指示を出してました。そのくらいには回復しました。

尻の穴をきり、ベッドで指一本でも動かせば強烈な妄想が生じることとなるため、ベッドから体を動かせないような状態からここまで回復できたというのは、私からすればあり得ないことのように感じるほどの改善です。とはいっても意識への害は既述してきたように未だに多く残った状態で、何も意識に害のない状態と比べたら残念極まりないものでしかないことに変わりはありません。

大学の頃の改善が制限された労働で生じさせた労働の損失の軽視は、絶縁による生の需要の認識の大幅な解消で改善の制限が大幅になくなってからの、荒い労働での意識を現在に割くという改善の要素を薄めることとなりました。損失が軽いものなのならそれに割く意識の容量も軽くていいこととなります。そのため、意識を割く容量が減ることで改善が薄まってしまいました。

第六章　私見

嘘

高校時代、私は嘘をついていました。妄想での地獄に落ちる対象が親である理由が、意識の中で犠牲にする、危険にさらすのに適していたからという理由を語らず、親が地獄に落ちることへの抵抗が倫理観による忌避ではなく、自分が親を愛しているからであるかのようにふるまっていました。そうしなければ自分が非倫理的な排斥される存在となってしまうと感じていました。また、倫理観に抵触し、自罰で自己を苦しめないように自分にも同じ嘘をつきました。

「このような嘘をついていた、こんな私の記憶の中の過去の意識は捏造なのか、嘘なのか」

「本や自分の思考から都合のいい内容に捏造しているだけではないのか」

「『作業と妄想』で既述したように一瞬前の明確な記憶ですら自分の妄想で上書きできるのだから、幼少の頃の薄過ぎる記憶など都合のいい気休めと金のために余裕で脚色可能」

「偉大となりたいという動機からなら捏造しかねない」

「未だに自らにも嘘をつけるのだからこれらは十分にあり得る」

これらの思考は記憶を思い出すたびに浮かべます。そして嘘のように感じることで書けなくなる内容すら出てきます。

大学の卒論（大体二十一歳の頃）で、詳細な内容までは覚えていませんが、性と心理学について書きました。その際はおそらく妹の自慰を隠蔽、もしくは自慰が生じなかったと捏造しています。家と交流があった頃でした。当然、何かの拍子に目に触れれば、妹から、親から、どういった反応が返ってくるのか、容易に想像がつきました。倫理観にも抵触するのでそれによる抵抗もあったと考えます。

卒論の内容は詳細には覚えていませんが、幼少の自慰そのものに害があるといったような内容でした。その卒論の内容には妹の自慰の記憶の内容は一貫性を損ねる邪魔な内容でしかありませんでした。ちなみに私が幼少の頃から自慰をしていたという内容すら書いていなかったように感じます。

妹の自慰を隠蔽し、卒論と同じような、幼少の自慰によって害が生じるという内容を二十七歳の書き始めの頃、自分の自慰の経験をもとにしたこの本に一度は書きました。ですがその妹の自慰の記憶と、その時に書いていたその内容に矛盾があること、妹の自慰について書くことによるその時のこの本の内容の破綻が意識から消えませんでした。そして自慰で害が生じなかったという方がいないかを調べるに至り、妹と同じような方がやはり散見できました。おそらくその同じ例の散見がなければ、その隠蔽したままで本を構成していたでしょう。

結局、再度自分の記憶と向き合い、思い出しの工程をやり直し、一から書き直すことになろうが、妹の自慰について書きました。同時に、自分が隠蔽、捏造を許容しようとするような下劣で、信用ならない意識であるということも重々理解しました。

理解した今でも言い切ったほうが証明として成り立つようになるから、事実とは感じはしますが言い切れるほどの記憶の濃さ、明確さがないことを「感じる」ではなく「していた」「でした」と言い切って、捏造してしまったり、単にどちらが本当か分からない「していたか」「していなかったか」のつじつまが合うほうを記述してしまう、あるいは記述しそうになったり、伏せて、隠蔽して書いたほうが自分の記憶の薄さを露呈しなくてすむ内容を意図的に伏せ、隠蔽したり、要は捏造も隠蔽も未だに下らない偉くなる、大事を成す者という自己認識、自尊心から平気でしようとします。そしてその捏造を書いてその都度消す、全文を読み直してその捏造と隠蔽が含まれる部分を消す、もしくは修正します。

ゲラ刷りの間際での書き直しでも四つもあります。

一つ目は三章の『妄想に親を利用した理由』では妄想の強化の過程の記憶が薄くなっていることを隠蔽して、今は大体が「感じる」と記しているのにあたかも記憶が明確に残っているかのように「でした」「していた」と言い切っていました。

二つ目は『思想の全否定』で妄想の採算が取れないことを理解して、宗教を信じ切ってからも潜在的に自己保全の傾向を削ろうと宗教の証明を信じさせようとしていたようにも感じることも伏せて、隠蔽していました。むしろ採算が取れない、信じ切ってからはその信じさせようとしていた思考は消えたと書こうとして、あるいはこの本か手帳か原稿のコピー紙かどこかに一度書いたようにも感じます。

三つ目は高校の時の自宅療養があったことを隠蔽していました。というか意識の隅にはありましたが書いていないことを忘れていました。隠蔽していた理由はその自宅療養の際の記憶があまりに薄すぎてその記憶を薄く思い出せた今より前は、「効き目がなかったように感じること」と、「三年で卒業できていること」、「状態の少しの落ち着きがあったように感じること」とのつじつまが合わないと考え、内容が一貫性を欠くことになると考え、隠蔽しました。とはいえ今も薄くでしかないわけですが。

四つ目はこの節『嘘』でも今のゲラ刷りの寸前の悲観の最高潮までこれらの内容を、自分を疑って、嘘をつく理由も削っているから嘘を許容できないとも書きながら残していました。意識の隅に追いやろうとしていたとはいえ、この『嘘』でも嘘をつき、これらの嘘を許容し、残したままにしようとしていたということです。

これらを一度は隠蔽、捏造し、嘘をついていたわけです。

ゲラ刷りのギリギリになる以前でも、捏造、隠蔽を許容した際はその許容した内容を用いた文章を組んでいるかもしれないと悲観し、さらにその明確ではない文章で言い切った文章を主軸に組んだ内容を見落として、嘘が、一貫性を損ねている内容が残っているかも知れないと悲観し、それも全文を読み直し、修正します。そんなことを何度も難度も繰り返しています。序章で「一貫性を欠く内容も書く」と記述したのはこの見落としが生じるかもしれない内容でも書くという意思表示です。

今の文章はゲラ刷りのギリギリまで粘って確認して、私の記憶の濃さと感覚、意識のままになるように修正した文章です。

「結局全文あてにならないかもしれないと疑念が残る文章でしかないではないか」

「未だに捏造も隠蔽も許容できる信用ならない言葉の羅列でしかない」

全くもってその通りです。

「つじつま合わせのために捏造した内容でしかないのではないか」

「二十七歳になってから文章を組みなおしたのか」

的を射た指摘でしかありません。そして私はその指摘に「嘘ではない、捏造ではないと感じるから書いている」としか答えられません。

ただ、私はできうる限り捏造ではないと感じられる内容、隠蔽のない内容とするべく、意識の記憶のありのまま記すべく、見返し、その内容に近づけるよう努めきったつもりです。そしてこの本はその努め切った末の記述、内容となっています。

なぜ不都合で、自分の文章が破綻する、信憑性を、証明性を下げるような内容を書くのか。それは家という反応に怯える環境から離れられたから、嘘、捏造を許容することで、自分の言葉のその全てが嘘と判断されると悲観するから、それでもなお隠蔽、捏造を未だに許容しようとするような意識であり、そんな意識を心底疑い、そんな意識の嘘、捏造で自分の言葉、自分のこのクソッタレで最低の二十八年の経験、苦しみが全て嘘、無価値となる損失を想定するからです。そして今残っている記述してある文章は私が書かなくてはならない、嘘をついた内容、隠蔽、捏造ではないと私が認識した文章です。

この本全体で書かないほうが内容を損なわない、都合の悪い内容、つまり自分で理解しながら掘った墓穴など、挙げだしていったらキリがありません。この『嘘』だけですらどれだけの墓穴を掘っているのかなど、数えたくもありません。

「当事者には倫理観、自己保全と自尊心が生じ、発する言葉が嘘、捏造となり、隠蔽が伴い、客観的に記憶をとらえられないような虚偽にまみれた情報にしかならない」

そう考える方がほとんどかもしれませんし、それは一側面では事実です・私がこの本を書く上でどれだけの嘘をついてきたか、それをその都度、何度も何度も修正してきたことを考えればその言葉を否定することなどできようもありません。ただ、その嘘をつく必要性を感じてしまう環境を破棄し、倫理観、自己保全の要因、自尊心を削り、自分を卑劣で信用に値しないと理解し、そのうえ悲観性が残り、経験の全てが無になると悲観すればこんな墓穴を掘りきって自らあらかじめ埋まってしまう程度の、嘘、捏造や隠蔽を許容しきれない縛りにはなります。

知りたいこと

家が土地でそこそこ名が知られていて、祖父母と二世帯同居。親戚との交流や布教所のような広い関係をもち、夫婦間の仲が険悪で、母親に精神的負荷がたまりやすい環境で、母が依存する対象を子供以外に作れる状況になく、立場を確立させるために子供が利用できてしまう環境で子への依存が生じているなか、その子供、肩書のある目をかけられる立場に生まれた方、そんな方はゴマンといるでしょう。それに単に意識の傾注、過保護を受けてしまっている方はそれこそこの世に数えきれないほどにいます。

私と同じ環境の方に問いますが、自慰の継続が発生したでしょうか。私と同じ病的自慰の継続（性的情動と想像と忌避、抵抗が伴う自慰の継続）が生じたでしょうか。自慰の継続、病的自慰の継続を経験した方は私と同じ境遇なのでしょうか。あいにく私は私と妹以外にネット以外で自慰を幼少から継続した例を知らないし、病的自慰の継続に関しては自分しか知りません。それらの経験をした方が今現在、世間にどれだけいるのかもわからなければ、どんな環境でどんな自慰を生じさせたのかもわかりません。

私はそれらが知りたいです。だから否定でも共感でもなんでもいい。返答が欲しいです。自分は生まれつきの害、もしくは早熟で自慰の継続が発生したのか。病的自慰の継続が発生したのか。それとも後天的に発生したものなのか。自慰の継続を経験してきた方の中で、私と同じ病的自慰の継続が生じたのはどのくらいの割合なのか。私の記憶は捏造で、その捏造した記憶という妄言を吐くイカレなのか。私の世での明確な立ち位置を、どのような存在なのかを知りたいです。

思考を読むことの不可能

処置をする方が少しでも思考を読めたのであれば、病的認識、病的自慰、悲観性、並列的矯正、その成り立ち、その経験からくる思考を読み取れていたのなら、私は着実に改善に向かう対応をとれていたはずです。そしてそれができていたのなら、自分がどのような意識か知ろうとすることも、こんな本を書こうとすることもなかったでしょう。

外観や一言二言の言葉を解釈して処置をしていると、私のように改善せずに悪化し続けるという事態が生じます。

診察は台の上のものを動かしたり、何か心理テスト的なものをして、次に一言二言辛い、地獄に落ちる気がする、地獄に親が落ちる気がするとかそういった内容を話してその後、その言葉に共感する様子を見せる、次に処方といった感じでした。それで何が変わったかと言えば何も変わりませんでした。途中からはほぼ顔を合わせて薬を出すだけに対応が変わりました。

「周囲が日々刷り込む、理由（理屈）づけされた証明、その宗教的思想、宗教上の神」を否定しようという思考になれていないため、その証明によって妄想が実際に生じると意識が認識し、またはしようとし、薬による実際には生じないという感覚、軽減をつぶし続けました。とはいえその家の宗教を自発的に完全否定させるよう働きかけることなど、過去と現在の処置する側の領分でできた、できるとも思えないので仕方がないと考えます。

「屁を出さなければならない気がする」と言ったところ、屁が出なくなる薬が処方されました。私が屁を出していた理由は証明によって屁を出さなければ地獄に落ちると考えていた、考えようとしていたからです。薬を飲んで屁を出せないようになりましたが、そうなったところでその屁を出すという屈辱的な自罰を達成できなくなることで、別の方法で自責をするようになるだけでした。

むしろ一度定めた罰を達成できないことで妄想で意識が埋まるとともに倫理観に抵触する自己という認識を強め、並列的矯正が悪化し、さらに自責が悪化することとなりました。そんな調子で全く改善せず、並列的矯正は強くなり続けることとなりました。

病的な生育過程を踏まず、害が生じなかった方に聞かせていただきますが、自分に悩みがあったとして、その悩みの内容を示さないままに他者が自分の思考を読み、自分の過去まで明らかにして、その問題を解消できる、してくれると考えるでしょうか。また、その悩みは薬で解消できるでしょうか。

そんなことはあり得ないと考えるのではないでしょうか。自分たちに関しては読み取れない、解決しないと考えているのに他者や病的他者に関しては読み取れる、薬で解消できるとなぜ考えるのでしょうか。本人ではない他者の解釈で、過去も思考も明らかにしないで思考上の問題を解消できるとなぜ考えるのでしょう。

それは他者、もしくは病的他者を劣った者、自分とは違う、読み切れるような劣等な思考であると侮っているからであると考えます。そんなつもりはないのでしょうが、観察し、それ思考を読み取って治療するという固着した仕組みによって、どうしても侮りが生じ、それが私と同じ害をもつ方の理解を妨げることとなってしまうのではないかと考えます。

私達が嘘をつくから解釈するのだというのなら、嘘を許容する理由を排除する、つまり『嘘』で記した環境と思考の破棄をすれば私と同じ程度の嘘を許容しきれない縛りは発生させられると考えます。

症状、環境、傾向、言動に合致する過去の例、その方の改善例を持ち出し、その改善策を実行するにしても、処置する側の処置だけを改善策とするのでは足りません。その処置、外観で全てが解決したと認識し、その処置を改善策とするだけでは、そこに改善した方、個人の内情、思考、行動がありません。私の場合は処置に効果が一切なく、自分で思考、行動して改善しています。

そこまで情報を収集して初めてどの環境が、どの思考がどのように害を及ぼしていたか、それに対し、どんな行動が、思考が改善をもたらしたかが明らかになって、次にその環境、状態で害を生じさせた方への改善を生じさせる処置が可能となります。そしてその改善策を他者は読み取ることができません。嘘なく本人が表現するしかありません。

言葉の提示への抵抗感を解消する必要性

尻の穴を切るのも、屁を一定の回数ひりだそうとするのも、親が地獄に落ちるという妄想も、自分の害について他者に語る時は全て、奇行の理由を「気になる」という言葉で言い表してきました。一章から四章までの七万字程度の症状の説明を私は精神科医に話すときは「気になる」の四文字で済ませてきたということです。

その理由はいくつかあります。ここまで記述してきたような説明を精神科医に語ることで、非倫理的な存在と認識され、責め立てられる、もしくは戯言を言っているという責め苦が生じると想定したこと。親に精神科医に提示した内容がバレて、想像するだけで最悪な状況になるなどと想定していたこと。説明の内容があまりに嫌悪感をもよおす内容であるため、人に対して口からその内容をひねり出すことに大きな抵抗感が生じていたことなどです。

私は診察を四年間ほど受けていました。その診察の初めに診断された症状は強迫性神経症でした。気になる、気になると言い続けていたらその診断となりました。薬が処方され、私はできるだけ「気になる」という強迫観念を無視するように言われました。ただ、私は「気になるから」奇行をしていたわけではありませんでした。既述してきたように宗教が証明する未来の損害があり、それを起こさないために奇行をしていました。つまりは金がないから働くというような、明確な理由があって奇行をしていました。

そのため無視することなどできませんでしたし、無視する気もさらさらありませんでした。その先生方がこの否定しがたい証明による明確な理由があることを分かっていたかどうか、病的認識、悲観性、並列的矯正を認識していたかは知りませんが、何の改善も生じなかったのは確かです。

私は気になると言い続けることを四年間続け、高校の三年間を一切改善なく妄想に苦しみ、その後一年間精神科に通い続けました。

この思春期の四年間に抵抗感を取り去ってここまでの既述の過去の自慰の経験とその害の内容まで吐露させ、その意識の害の解消を始めることができていれば、私の今はどうなっていたのか、それはもうわかりません。そしてその期間内に解消できなくとも、この期間に手を打てた方が妄想の悪化も今よりまし、意識の改善も進んだのではないかと考えます。

言葉の提示を促せる環境と報酬の必要性

「気になる」というこの四文字を取り去り、嘘を生じさせる要素を削りとることで、私の経験、症状への経緯を記した一から四章までの七万字程度の情報を提示しました。私の場合、その情報を提示する上での障害となるのが自分の本音を殺す倫理観と、悲観性からくる精神科医に提示した情報が親に洩れるのではないかといった悲観です。これらをもたらすのが病的認識であり、解消するには病的認識を削ることができる環境に身を置くことです。

もし自分が労をかけ、命を費やして得たものを、自分の側が金を払って提供してほしいと言われたら提供するでしょうか。私なら話にならないと断ります。親にバレるという可能性が排除しきれない、経験を提出したところで自分の症状を解消できるという保証もない、何か見返りが返ってくるわけでもない、そんな状況で自分の経験を語ろうと思えるわけもありません。

その状況で口にできるのはせいぜい「気になる」の四文字です。それ以上の言葉をひりだす場合は自己の害の苦しみが大きすぎるため、解消につながることを期待して出る言葉です。ちなみに私の場合は解消してくれるかもという期待から言葉を提示しても「神様が親を地獄に落とす気がする。だからそうならないように尻を切る」までが限界でした。

意識に害が生じた、生じている方の語る経験はその害の防止と、多様な経験をもたらす放任を成立させる情報です。その方の問題、害が改善をみていればその改善までの経緯という情報も提示できます。これらの情報は報酬をだすには十分な社会的な有益性を持っていると私は考えます。

「これをしてこうなるべきである」という過去に成果を出した方の経験と成功の結果があったとして、その経験、過程を完全に同じに全て踏ませて、踏んで、理想の子供、自分になったという方はこの世界にどの程度いるのでしょうか。比較して人を殺さない、虐待をしない、法に背かない、そういった踏むべきでないとされた過程を踏んでいない方はどの程度いるでしょうか。

この明確な対比は、提示された過程と同じ状態、環境で実行することの困難と、その過程を踏む、踏まないことの必要性の認識の差異によって生じます。この対比はその踏むべきであるとする過程を辿りきることは困難であること、辿りきる必要性がその踏むべきでない過程を踏まないことの必要性よりも高いとは言い難いことを示しています。

生育での最低限であり、最も重要であるのは「求める、求められる像となる」ことではなく「破滅しないこと」、破滅することなく、社会適正に問題がない、害のない意識として成立すること、それだけです。求める像になることは難しく、さらにそれを自己ではなく周囲に強いられてしまえば未来も、行動も限られてただただ面倒で、退屈で、窮屈で、苦しいだけです。それを私は知っています。

放っておかれるほうがはるかに気楽で、開放的で、楽しく、多様な経験とそこから発生する多様な未来が生じると考えます。

その放っておくため、放っておいた結果「破滅しないため」に必要であるのは問題が生じなかった方の、辿ることが困難な辿らせるべきと感じさせる経験、成果でなく、問題が生じた方の破滅の経験、末路です。

少なくとも私が必要としたのは、害を経験してこなかった稀有で優れた方、方々の数多の成功の経験からくる、親と子供は「こうすべきである」とする強制ではありませんでした。それよりも私と同じ問題を抱え、失敗し、同じ顛末となったありふれた一人の落伍者の経験からくる、親、自分は「絶対にこれをしてはならない」という禁止と、子供へのそれ以外の全ての許容、放任でした。

その「こうすべきでない」という忠告を子供にしてもなお、子供を放っておくことができない、安心などできない、そうして子供を窮屈にし、苦しめるだけの方はそもそも子供など育てるべきではないと考えます。そんなに近くに置いて導き、安心を得ることを望むのなら愛玩動物でも育てることです。私は愛玩動物ではなかったのに。

診察に訪れる方は全員、それぞれ違った問題、それを発生させる経緯、末路、破滅の情報を持っています。私以外の害を持つ方は、私とは違う経験をした、意識の害というその膨大な問題の中の、一つの問題、一つの破滅、それらの一つの経緯（この本での一章から四章）を提示し、その自分と同じ経緯での問題、害の防止を生じさせることができる方々です。

また、その問題が改善をみることで、一つの改善までの経緯、一つの改善による成果、その「参考程度」の情報（五章の『妄想にまで発展した場合』から五章の終わりまで）を提示することもできます。その方々から情報を引き出さず、腐らせて、腐らせたまま死なせ、この世から情報を消しているのは損失でしかありません。今まで生まれてきた膨大な数のその情報をすでに無為にし、これからも腐らせたままこの世から消し続けるのでしょうか。

もし言葉の提示を妨げる意識の状態を改善できる環境の提供と、情報を提示することへの報酬の仕組みが実現できれば、当人は改善への意欲がわき、意識（私と同じ症状の）に害をなす病的認識を削れる環境と、報酬を得て自立して生きることによる有力感で、状態が大幅に改善すると考えられます。

また、自己の意識を書き出し、提示することで自己の意識の状態を把握し、その障害がどのように生じているかを理解することでその害の解消法も自ずと明確となり、症状が改善します。私は卒論を書く期間、自己の思考も参考にしようとして思考を書き留めていて、この効果がありました。

提示される側は、生育の上での意識の害の防止を生じさせる、問題、破滅とそれらの経緯という情報、状態の改善をもたらした経験、その経緯の一例の情報を得ます。

文字での思考の提示の推奨

情報の提示には文字による書き出しが適していると考えます。人間に向かいあって、声で思い通りの言葉を構成するのは難しいです。相手からの反応が返ってくると想定してしまうからです。誰かに不満を抱いている場合、その誰かがいなければ思い通りの罵詈雑言を虚空に向かって吐くことができます。これは撮影機や録音機の前でも言えることで、この二つの場合は記録を再生しなければ誰にも聞かれることはありません。これによって撮影機と録音機の前での発言では、人と対する時よりも流ちょうに言葉を構成することができます。

これは文章を書く際にも言えることです。自分が向き合うのは紙切れ、もしくはパソコンであり、人と向き合っているわけではありません。誰かに読まれなければ反応が返ってくることすらありません。そのためこの場合でも抵抗感が下がることとなります。また、文字とは線に付与される概念であるため、声のような空気の振動という、現実で反応が生じることを本能的に想定することとなる表現ではありません。そのため表現に対する抵抗も少ないです。

おそらく最も抵抗感なく言葉を構成できる方法は一人で文字を記すことです。自分の心理状態を表現する場合でも、抵抗感が低いことでありのままに近い心理状態を表現することが可能となります。特に手紙で相手に気持ちを伝えるときなどは分かりやすく、その内容は相手の目の前で声に出すと気恥ずかしすぎる言葉であふれています。また、この傾向は適当なネットの掲示板でも言えます。絶対に本人が目の前にいれば発言できないことも、全く抵抗など感じていないように意見を投じている方が嫌になるほど見受けられます。

発信するにもしないにしても、書き出すことで自分の意識の状態を言葉にして把握し、その障害がどのように生じているかを理解することでその解消法も自ずと明確となってきます。

親と関係を断絶し、別離するための施設

六歳以前から病的自慰（性的情動と想像と忌避、抵抗が伴う自慰）が発生している方を専門に引き取る施設が必要であると考えます。それは『●関係の解消の検討』で既述した、親類とそれまでの関係を全て断絶した後の受け入れ先です。

その理由は大きく三つあります。

一つ目はここまで記述してきたように、依存が生じている親元、家で過ごせば病的干渉や連想によって意識の害を深め続けることとなるからです。

二つ目は周囲を『自慰が生じた場合』で既述した内容と、病的自慰の継続による害に関して知る方で統一できるからです。単純に病的干渉がなくなって改善が見込めます。

三つ目は忌避感を薄める上で最も効果的と考えられるのが自己と同じ経験をした方に会うことであるからです。同じ経験をした方に会うことで自分だけではないと感じて、忌避感が大幅に薄まることとなると考えます。少なくとも宇宙人と感じるほどの忌避感は軽減するはずです。

また、そこで同調が続けられる友ができれば、同調ができないことによる害も防ぐことができると考えられます。

妄想やその他の害が発生した方を受け入れて経験、意識に害を生じさせるに至った経緯を書けば報酬をだす施設が必要であると考えます。

理由は『言葉の提示を促せる環境と報酬の必要性』で記した通りですが、改めて大きく分けて四つあります。

一つ目が病的干渉を受ける環境から離脱させることができることです。単純にそれ以上の状態の悪化を防ぐことができ、状態も改善します。また、妄想が生じている方は思想を刷り込む環境から脱することで、その思想を否定する傾向が生じると考えます。

二つ目が報酬を与えることによる有力感の確保です。無力感に侵された意識を、金を稼いで自分で生きているという有力感で軽減します。

三つ目が害について書きだすことで、その意識の害の全容の把握とそこからくる改善が狙えることです。

四つ目は意識の害の経験についての文章の獲得です。

病的自慰が発生している方を引き取る施設は意識の害の改善を実現し、妄想などの意識の害が発生している方を受け入れて、経験を書けば報酬を出す施設は、意識の害の改善と『言葉の提示を促せる環境と報酬の必要性』で記した意識の害の経験、経緯の情報の収集を同時に成立させることができる施設であると考えます。

世論への浸透の必要性

最良の結果は私と同じような生育過程の意識が今後一切誰にも生じないことです。私と同じ環境、状況も、病的認識も、病的自慰による無力感も、それが両立することによる強烈な悲観性も、並列的矯正も、それらを一生誰も持たずに生きてゆくことです。そのためには幼少期からの病的自慰の継続による惨状とその要因に関する知見を、成人の常識といわれる範囲にまで広める必要があると考えます。

惨状を語らなければ防止のための情報としては不十分です。むしろその惨状でどういう苦しみが生じるのかを知らせる方が、その惨状を知らせない危険性の喚起よりも比較にならないほどに効果を生じさせます。

野草、キノコを知識もなく採取して食す。嵐の海辺でバーベキュー、どのような結末になるかを明確に想像できないから、その結末となる危険がある思考と行動をとることができます。その行動の結果を知らせて、不安感を煽られなければ人間という楽観的な存在は全く避けようという思考を生じさせません。だからこそ私は先に自分の生育過程とその害と惨状（一から四章）を語り、その後で防止策（五章）を語りました。最も重要なのは策ではなく、痛みにあふれた経験、経緯の情報です。

家庭に依存があるか否かは『● 関係の解消の検討』で記したように外から見ても、自分の家庭でも気付けないものです。それは病的干渉も同じで、「ただの意思疎通」で刷り込まれ、問題と認識することができません。もし世間に認知されて依存による害への知見が広まれば、外から見て過保護、入れ込みが過ぎるように見えれば家庭の外がその依存、病的干渉の傾向に気付くことができるかもしれません。

私には想像がつきませんが、自分の家庭に依存があるのではないか、病的干渉があるのではないかと気付くことができる家庭がでるかもしれません。

その依存、病的干渉の問題の解消を行う必要性が、外部からの干渉もやむなしとされるほどの世論となれば自分、家庭からの問題の解消が見込めない場合には外部からの干渉が期待できるようになるかもしれません。その干渉でできることは『● 関係の解消の検討』で既述しました、親に依存を認めさせ、子供に対し「あなたが死んでも、いなくなっても破滅しない、周囲を破滅させない」と示させること、その後に最善の策を親、家に提示することまでです。それ以降どうするかはその家庭にまかせるしかないと考えます。

病的自慰による惨状を知らせる上で、病的自慰が発生していない子供がその情報を知って興味を持つこと、忌避感を煽られることが問題となるという意見がでます。確かに成人が意図しない状況で断片的な言葉が伝わってしまえばその意見通り、興味と忌避を煽られると考えます。一から十の間の五くらいまで理解できれば病的自慰でない自慰をしている方は無関係と理解でき、自慰をしていない方は興味どころか恐れを抱くはずです。しかし、大人が意図しない状況で二次性徴前の年齢の子供が言葉を拾った場合に、その一から五までが伝わらなければ忌避と興味を煽られることとなると考えます。

ただ、それは知られればの話です。小四の頃になっても性交の方法を知らないという方はざらにいます。性的忌避が強く、自分から調べなかったこともありますが、私は小六くらいか中学のはじめあたりまで性交の方法を知りませんでした。私は知識がなくとも股間に陰部を押し付ける想像まではしていました。この生理的行為を隠す程度の情報の管理があれば、大人が意図しない状況でその知識を知ることは稀となるのではないかと考えます。

小学生のまだ中学に入る前なので無視や嘲笑などはなく、比較的溶け込めていた頃、それでも私の他者との交流が薄かっただけとも考えられますが、私は小六くらいか中学のはじめあたりになるまで性交の方法を知りませんでした。その知ったきっかけも本か、中学の頃にスパーリングと称して暴力をふるう同級生と見た動画か、家かどこかのパソコンで見た動画か、それらのどれかです。性交の方法を知識で知っている子供がいたとして、その子供が別の二次性徴前の子供へ性に関する知識を伝え、広めることは少ないのではないかと考えます。『●　抵抗感の排除と自慰についての解説』で記したように病的自慰を継続している子供に病的自慰について話したとして、その際も性交と同じとなるのではないかと考えます。

　これら全て集団にろくに適応できない私の主観でしかありませんが、世間の成人の間で病的自慰の情報を広めても大した問題にはならないのではないかと考えます。それにその意見からこの情報を成人の間で広めることを渋れば、私と同じ害を生じさせ、悪化させる方が生じ続けるだけと考えます。

　この本の内容が一から十まで仮に伝わったとするのなら、生育環境を用意する成人にはそれに関する適切な不安感を、自慰をしていない二次性徴前の子供には忌避感を、病的自慰ではない自慰をしている子供には無関係という認識を、病的自慰を継続している子供には一人ではないという安心と、それまで抱いている得体の知れないという忌避感の払拭と新たな忌避感、改善の情報を与えると考えます。

問い

専門的な知識を持っている方もそうでない方も考えてほしいことが四点あります。

① 約四か所で処置を受けた四年間で、なぜ全く改善がなかったのか
② なぜ今まで病的自慰（性的情動と想像と忌避、抵抗が伴う自慰）を継続していて世間から何の措置もとられていないのか、とられる気配すらなかったのか
③ なぜ私が尋ねてきたほぼ全員が幼子の自慰について何も知らないのか
④ 目の前の事象を誤認する害は大した問題にならないものなのか

素人目線でこの四点について考えさせていただきます。

一つ目は病的自慰、妄想の確実な改善の方法がなかったからではないかと考えます。

二つ目はまず病的自慰に対しての世間の認識が薄く、広く強い対処がとられていないから。次に、確実な継続の予防方法、継続が生じている際の確実な改善方法がないから。この両方が理由と考えます。

三つ目では私の幼少からの自慰について六人に話したところ、幼少期の自慰を一人が知

っていただけで、残りの五人は何の知識もありませんでした。その五人が無知なだけだったという可能性もありますが、単純に幼少の性に対しての認知度が薄いのではないかと考えます。

四つ目は正確には無力感、聴覚、妄想、ここまで記述してきた様々な問題があります。言動、外観は周囲と大して変わらない私にとっては社会で生きる上での大問題でした。仮に病的自慰の継続が社会適性を著しく下げる、未だに確実な予防方法、改善方法もなく、世間の認知度も薄いものであるとして、その問題が軽いとは私には思えません。

発信をしない理由

発信しようにもまず自分に生じている害に、病的自慰とそれをもたらした依存、病的干渉を注がれた経験をもちだすことに倫理的抵抗を感じてしまうことで、その経験と害を結びつけることが困難となり、文章を練ることが困難となります。

「愛情は幸福の証明であるというのなら自分に注がれてきたものは愛情ではない」そのことをまず認識しなければ文章を練ることすらかないません。

高校時代の私はこう考えていました。

「自分を育てて面倒を見てくれている自分の親を貶めるような文章を書くわけにはいかない」

倫理的な観点からすれば、私の書いている内容は自分を育ててくれた存在を貶める不義理でしかありません。倫理観が積もり重なればその不義理を許容することが困難となりま す。そのため、生育過程について書くことが困難となります。

「発信しても病的自慰の継続が発生している自分、当事者の方々の親の側がその言葉を受けて、それを認めることはない」

そう現実的に考えてしまいます。自分たちが原因で病的自慰の継続が起こったという内容を受け入れるわけがないのです。そう考えれば発信することが無意味に思えてしまいます。そして実際に無意味です。そう考えると発信しようなどという気が起きません。

この本の内容は本当は私などがこんな本を書かなくても、誰もが感覚的に理解していることです。そして誰もがそれを全力で覆い隠します。そうしなくてはその子供の親、その大勢との面倒が起きてしまうからです。だから誰もここまでの既述してきた私の言葉を拾わない、追随する方も出てこない。その事実を正しく理解してしまっています。

経験から年月が経つことと、『忘却』で記憶が薄れてしまっています。残っていた記憶をなんとか言葉にできたとしても、それに確証を与えることもできません。

私と同じような状態までいった方は文章を書くことすら困難となります。もし文章を書こうとすれば、並列的矯正によって自己にとって最悪の事態、文章が書けなくなる事態を妄想し、書けなくなる理由をこじつけ、書けなくなってしまいます。

『最悪な未来の想定』で記したように、並列的矯正が強まる、意識を否定する傾向が強い状態となっている時は思い出せば妄想が生じる、そうでない状態でも過去の不快感に満ちた記憶、否定したいと感じていた思想をもっていた意識を思い出すことがとてつもなく面白いなどというはずもありません。そんな内容を見返りがあるかもどうかもわからない状況で何万字と思い出して記す、そんなことを自尊心だけで行う愚かな方が多くいるはずもありません。

『嘘』で既述したように自分の思い出した内容を嘘だと想定してしまうことで、その思い出した記憶を書けない内容と認識してしまいます。

実家にいるだけでも書きにくくなります。目の前に自分の発信した内容がバレたくない人間がいるのだから当然抵抗感が増します。

ここまでの記述を読めばわかるように、まず明確な証明がありません。記憶など捏造の可能性を捨てきれないただの言葉の羅列です。

気色悪くて荒唐無稽な戯言にしか感じられない。ただの被害妄想の羅列としか見られない。自分の怠惰と意志量不足を棚上げにして、他者に害の原因があるとして責任を擦り付ける胸糞悪くてイタイ言葉の羅列に見える。文章を読みにくいと感じさせてしまう。単純に受け入れたくないと感じさせる。そう受け手が感じることがわかってしまいます。

それに病的自慰ではない、私の妹のような自慰の継続を経験した方も私の言葉を否定するでしょう。

「不能や苦しい状況を、自分の意志量不足を棚に上げて自慰のせいにするな。自分も自慰の継続なら経験している」

私がこの本のような内容を妹に語ったところで、このような内容の返答、罵倒が返ってくるのが容易に想像できます。

たとえ提示しても、本による発信なら出版社に危害がない範囲に内容が修正される。もしくは主観しかない戯言と笑って終わり。金もない、無職の戯言の出版を検討してくれる出版社などいない。研究として提出しようにも大学等は私のような、何の実績もないフリーターという無職の言葉など受け取らない。ネットに流したところで何の見返りも帰ってこない。そう正確に、現実的に、悲観的に予想してしまいます。

私と同じ状態になった方でも私の記憶の摩耗の具合に共感する方もいれば、私より若い、もしくは私と同じか、それより年が上でも記憶の摩耗が少なく、私よりも記憶が残っていることで、私の「経験した」という言葉を嘘と否定する方がでるのではないか、そんな悲観すら生じます。

私のような事例の方の意見が世に出ないのは先述の理由のいくつか、もしくはその全てが原因です。こんな言葉にすることへの抵抗と困難が伴い、それに確証を付与することもできず、受け入れられると思えない、否定されつくすことが容易に想像できるゴタクを誰が書こうなどと考え、書くことに踏み切るというのでしょう。もし私達に情報を書かせて提示させようとするのなら、この道理を覆す、もしくは解消する対応が必要です。

もしこれらの要因を解消できれば、これらの要因によって書けなかった方の中に、私と同じ幼少からの病的自慰となっても幼少から病的認識を削って改善したという方、高校入学前、あるいは二次性徴に入る前に病的自慰をやめたという方、そういった私とは別の病的自慰の経験をされた方々がいれば『●抵抗感の排除と自慰についての解説』で記述した私の対比となる改善例、『●　自慰を止めるよう干渉するか否か』で記述した、私の経験だけでは判断できない内容を判断できるようにする、私とは別の経験をその方々が提示してくれるかもしれません。

私がこんな文章を書いて発信するのは、くだらない自尊心に突き動かされているからです。大勢に受け入れられればそれが満たされます。中途半端に受け入れられても少し満たせます。そして受け入れられなければ、受け入れなかった方達の目を節穴と見下すことができます。せっかく忠告したのに戯言として全く拾い上げなかった、その愚かさを心底嘲笑することで、私を侮蔑する社会に生きる方たちを侮蔑したいという欲求とともに、自尊心を満たすことができます。要するに想像に無駄射ちする自慰と同じ、ただの自己満足です。

軽すぎる自尊心

「潜在的な自己認識、自分が貴重な存在である、偉くなる、大事をなす存在であるという認識を変えることは難しい」と私が言うとします。そして必ず、そんなことはない。それをしないのはただの怠慢だという反応が返ってくることとなります。

実際そうかもしれません。ただ、私は『並みでいることの困難』で既述したように、これまで記した害をもたらすこれらの自己認識を、自分が無価値であると自己に示し続け、変えようとしてきたつもりです。それでも私の自尊心は削っても玉ねぎのように残り続け、意識から消えることはありませんでした。私はこれらの自己認識そのものでしかなかったからです。

偉くなる者、大事をなす者と自己認識していると言って、皆さんはどういう人物像を想像するでしょう。わがままで何をしてもされても満足しない、態度が大きい人間、そんな様を思い浮かべると思います。ここまでの既述である程度想像がついているとは感じますが、私はおそらくそんな様とは無縁に見えます。実際、内面も少しの肯定で幸福な感情になるし、労働も周囲と争うことなくできればそれ以上何の不満もありません。

なぜそんな自己認識でそんな様なのか、それは単純にその偉くなるだの、大事をなすだのの潜在的な自己認識は自尊心、ただの矮小な承認欲求でしかないからです。

社会に適応するための能力と、そこから生じる成果から得られる、自己を肯定できる自己認識だけが私が求める成果でした。その認識以外は自尊心を満たしませんでした。私が受けてきた祀り上げは何の足しにもならない霞のような成果の認識をもたらすものでした。満たされず、常に起きる周囲からの排斥によって自尊心は削れ、さらに先述の自分から削る試みで少し削り、ほんの少しの成果で十分満足するような容量の少なすぎる削れた自尊心が出来上がりました。

そしてその偉くなる、大事をなす者という自己認識を満たすのは、先延ばしの幻想で事足ります。今、私は貯金が七桁もない、交友関係なし、彼女なし、執筆中で職なし、意識には害を抱えていて、それでもこんな本を書けば偉大になれる、大事をなせるというそんな幻想を抱いて満足しています。不和のない労働とソシャゲさえしていれば、並列的矯正に割く意識を分散し、不満なく、一生幻想を抱いて生きていけると感じます。

何が言いたいかと言えば、特別な存在として扱われなければ満足できないというわけでは全くないということです。

例を数個挙げます。二十二歳から二十五歳の間の職場で働いている間、私は経験を発信したいという欲求を意識から消して半分忘れていました。忘れた理由はその伝えたいという欲求があると『同調の困難』で既述した同調を妨げるゴタクが生じてそれが同調に邪魔だったのと、その職場で曲がりなりにも社員として働いている間は人並みとはいかなくともなんとか他者から承認を受けて、それで意識が満足してしまっていたからです。

そして自分の稼いだ金で食べていける生活に充足感を感じていました。ソシャゲさえしていればそれだけで自尊心が満たされたり、初対面の初老の女性に出来た青年だと一言お世辞を言われただけで満たされた感情になったりもします。

このように生きてはいけます。ただ、今は社会に出て少し状態が改善したことと、自己の過去と意識の成り立ちを顧みて、不満を抱くようになってしまいました。

社会に出てから病的傾向が改善され、周囲の意識のあり方、その感覚にほんの少し近づくことで、今まで想像もできなかった並列的矯正のない意識の状態で周囲に存在、社会適性を認められ、肯定されて生きる感覚を想像してしまいました。その想像が的を射ているのかどうかはわかりませんが、それは私の生まれてから自分を否定し続けて生きてきた生とは似ても似つかない、想像するだけでも楽園のような生でした。執筆を始める二十七歳までも、ある程度の周囲に対する不快感、嫌悪感はありましたが、執筆を始めてからそれらの感覚が鮮明に、強くなりました。

二十七歳の執筆から記憶を顧みて、自分の害の経緯を言葉にして認識することで、私はその楽園を謳歌する、自分と同じような意識を経験してこなかった人間、その人間が私にとってきた、とっている行為、言動、態度全般に否定的感覚を抱くようになり、その存在から私が否定されることに不条理による否定的感情をもつようになりました。

私の想像が的を射ているのか否か、それはわかりませんし、この否定的感覚も持っているだけ自分にとって害しかなく、非生産的な無駄なものでしかありません。それはわかっています。それでも、不条理を解消したいという欲求は生まれてしまいました。

何を求めているのかと言えば、ただ周囲と同じ並みで生きたいだけです。並みに生きたいから不条理を補填されないまま、それを浴び続けて生きたくない、そう求めているだけです。

異常な存在

現在、意識の機能不全と暴力性が同じ異常という定義となっています。その二つの中で、目視できる損害という認知されやすい問題を発生させる暴力性に注意が注がれることとなり、対照的に意識の不全への注意が散漫となっています。精神的異常から暴力をふるう例もありますが、全ての方がそうではありません。

檻に入る方と床に伏す病人は同じであることもありますが違うこともあり、その問題性に優劣をつけないように、暴力性も意識の機能不全も問題を分けて考えるべきものと考えます。

そう考える個人的理由が二つあります。

一つ目は私は共感性と倫理観を過剰に刷り込まれたことと過剰な自己保全と悲観性で、暴力性が大きく削がれていることです。侮辱されない限りは誰にも手は出しませんでした。それに殴れば殴られる程度ではすまない、どうやっても勝てないという想定を浮かべてしまう相手は殴りませんでした。侮辱してきた、かろうじて勝てる、殴っても殴り返してくるだけと認識できた方のみを殴っていました。それも止めてくれる方がいる場所でだけです。

小学校は殴られるまでいったことはなく、中学に入ってからは無視されることが多く、殴られるほどの関心を持たれることがあまりありませんでした。ただ、一人だけ私を侮辱してかつ殴ってくる方（『世論への浸透の必要性』で既述したスパーリングと称して暴力をふるう方）がいました。その方はどうやっても勝てない、殴られるだけではすまないと感じる相手ではなく、人目につかないところに私を連れて行き、殴ってきてそれに対して私は殴り返していましたが、その方を血に濡れたぼろ雑巾のようにできたことは一度もありません。どちらかと言えばこちらがボコボコになって血を流していました。倫理観と共感が躊躇を、自己保全と悲観性が怯えを生じさせ、それが暴力に邪魔だったからです。

二つ目は先述の殴ってきた相手が実に楽しそうに私を傷つけてきたこと、それと私自身が小学低学年の時、一度だけ無自覚に人をいじめたことがあることです。いじめた時、自分と他二、三人と一緒に黒板にその方を侮辱する絵や言葉を書きました。その時は雰囲気に流されて、それを書いて相手が傷つくことも忘れて書きました。その時私はとても楽しんでいたことを覚えています。おそらく周囲の二、三人もとても楽しんでいたと感じます。その後日先生にその黒板が見つかったことまでは覚えていますが、自分が名乗り出て謝ったかどうかはもう忘れてしまっています。ただ、名乗り出るかどうかとなった時に怯えていたように感じます。それと高校に上がってからその方に謝りに行ったことは覚えていて、それらを考えると名乗り出なかったのではないかと考えられます。これも記憶はおぼろげですが自分以外の二、三人の方は怒られていたように感じます。脱線しますが、こうして書き出してみると自分でも清らかで健常で、いい性格をしていると感じます。あなたは私と同じような意識でしょうか。こうなりたいと感じるでしょうか。

暴力的な行為に抵抗感がないことはいたって健常な傾向で、異常ではありません。それに対して意識の機能不全は生育過程による病とも形容できる異常です。この認識を得るために必要なのが暴力性は人が皆持つものであって、異常でないという認識です。それによって定義が分かれ、異常に分類される意識の不全のほうにも注意が注がれます。

人は暴力的な行為を数え切れないほどに行ってきています。それらを行ってきた全員が異常者であったと定義することは極めて困難です。人はもともと残虐で暴力的で非道です。現在の日本では大々的な争いが起らなくなりました。刑も凄惨な痛みを強いるものではなくなったこともあり、人は非道でも暴力的でもないと思い込んでしまっています。しかし、薄い化けの皮を取り去れば中身は暴力的なままです。共感性も、周囲の雰囲気に流される、または敵と判断してしまえばそれだけで消え去ってしまいます。

人が暴力的であることは全く異常ではなく、むしろ正常そのものです。世間が異常であると形容する方はほとんどが暴力性が表出している健常者です。異常性から暴力性が生じることもありますが、異常という定義に暴力性が収まりきるわけではありません。収まりきると言えるのは、意識の機能不全の側です。

学校でも社会でも、暴力性は注意を注ぐべきものとして認識されています。損害の防止の観点としては、認知されやすい外的損害が生じる暴力性に注意が注がれるのは妥当ですが、病という損害の防止には注意を注げていません。

社会に出る前に暴力や悪事を働いていた方はその辺にいます。現場仕事が最も身を置いた時間が長い労働なのですが、以前は暴力的で悪事を働いてきたという方が大半でした。悪事の基準はバイクの窃盗から強姦くらいまでです。そしてそう語った全員が私よりも円滑に社会に適応できていました。

私の出会ってきた方とその割合、自分の社会適性を鑑みて主観的に言えることは、社会において暴力的で悪事を働くことへの抵抗感の低い方など珍しくもなんともないし、私のような、意識に異常をもつ方よりもはるかに社会適性が高いということです。

私と同じ過程をたどった方の大半はおそらく社会に進出することすら困難なのではないかと感じます。病的自慰による無力感と悲観性と、その後に付随してくる害、私が改善しようとあがいた経験と、今の自分のフリーターという状態の社会適性からそう感じます。

大人しいし影響がないという理由で、意識の機能不全という異常性に焦点を当てず、その方の生を棒に振らせるかどうかは世論が命運を握っています。早めに症状を発見して処置に踏み切れば、社会に問題なく適応できるだけの社会適性をもてるようになるかもしれません。

暴力性の表出の側に注意を向けるなら私と同じ症状の傾向を持つ方、臆病で大人しい方などにも同じくらいの注意を向けて、処置に踏み切れるだけの意識の機能不全への理解をもつべきと私は考えます。

曖昧な言葉

「正常な意識を形成するためには愛情が必要」と誰かが言ったとします。その絶対正義のように語る愛情とやらを注いでいるつもりで、母親は依存を私に注いでいました。

愛情とは果てしなく定義が曖昧な言葉であり、その定義は人によって異なります。そんな言葉を意識の形成に用いてしまえばその曖昧な言葉の捉え違いから、多量の病的干渉が生じます。

「正常な意識の形成に愛情が必要」とすれば、正常に形成されなかった意識とは全て愛情が足りなかった意識となります。この場合、その正常に形成されていない意識に対してさらに愛情を注ぐこととなります。

周囲は同胞で自分もその一員と認識させるために愛情が必要であると誰かが言ったとします。私は元々、周囲に対して同胞という認識をもっていました。愛情という名の依存によって病的自慰とその悪化が生じ、妄想と奇行が生じた後は正常な意識の形成ができていないとされ、さらに愛情という依存を注がれることで病的認識が悪化して意識の害が悪化し、その生じてきた害に伴う周囲との不和で周囲を同胞とみることができなくなりました。

共感を養うために愛情が必要と誰かが言ったとします。そうすると私のこれまでの異常なまでの共感は一体何なのでしょう。

愛情が注がれていないというのなら私に元からある共感と、あった同胞と感じる感覚は一体何だったのでしょう。こういった曖昧な言葉を正常な意識となるか否かの指標にしている文章は、この世から根絶するべきであると考えます。私と同じように苦しむ方が増えるだけです。

自意識過剰という言葉も、愛情の絶対正義に結びついてしまえば、病的干渉を注ぎすぎてしまうことでさらに生の需要を認識してしまうことになり、自意識過剰という名の、自己保全過剰な状態になってしまいます。

母親はその曖昧な言葉を病的干渉に侵された私に用いて愛情だの、肯定だの、意思疎通だのを試みて依存、病的干渉をさらに注いで病的認識、生の需要の認識を強烈に感じさせ続けました。改善の手は干渉、関わることではありません。その子供に「あなたがいなくても自分と周囲は破綻しない、幸福なまま」と示し、関係を破棄すること、足しではなく引き、必要なのは依存の消失と環境の排除、生の需要の認識の排除です。

　この世の私たちについて語る文章はほとんどが本人の一から四章、その経験の七万字の独白ではない、外観、本人の言葉を他者が解釈して構築した文章です。その文章に私達のありのままの経験はなく、その他者の解釈による経緯の誤認が生じ、そこに防止、改善方法の誤認が生じます。それによって予防、改善どころか私たちと同じ状態の発生、状態を悪化させる要因を生じさせせています。母親は心理学関係の本を何冊も読んで、私の生の需要の認識を取り去るのではなく、それを追加し続けました。

　愛情とは何なのか、親の接し方で依存との明確な違いは何なのか、それらが完全に間違いなく全て記されていたと仮定して、それらを捉え違いなく理解するのにどれだけの文字を読まなくてはいけないのか。

　世間の方が一から十まで、分厚い本を読むでしょうか。それを理解できるのでしょうか。せいぜいネットに目を通す程度、酷ければその曖昧な一言を切り取って終わりです。そんななかで曖昧な言葉を提示することは、ただ意識の害を誘発、限りなく悪化させる原因を産み落とすことにしかなりません。

そんな文章は全て消し去って、曖昧な表現などではない「経験すべきではない病的経験」を収集して、それを発信していくべきであると考えます。

性的問題への認識の最適化

幼少からの病的自慰の問題は並列的矯正と無力感によって意識の生育、機能の阻害、妄想などの問題が生じ、集団への適応の阻害を生じさせること。さらにこれらによる社会不適合が不条理への怒りを生じさせ、社会と周囲へのさらなる不適合、反感を生じさせることです。

六歳以前の病的自慰以外の性体験や、六歳以降の第二次性徴前の性体験によって生じる害は分かりませんが、私が言えることは幼少から病的自慰を体験すればこれらの害が生じる者（私）がでるということです。

例えば学生寮でＡＶ鑑賞会をするとします。そこに幼稚園、もしくは小学低学年の子供が混ざればどうなるでしょう。ＡＶ鑑賞会をやめるはずです。社会的な場でない環境では忌避は消え去りますが、子供が混じればそれだけで忌避が生じます。

例えば成人向けの映像を制作する現場に幼稚園児、小学低学年くらいの子供が迷い込めばどうなるでしょう。その関係者は制作を止めてその子供を放りだすのではないでしょうか。社会的な場でも業務となればその忌避は消え去りますが、子供が混じれば忌避が生じると考えます。

どんな場でも子供が混じれば性的忌避が生じます。それはその子供に性的情報による害が及ぶからです。社会で性的表現が規制され、忌避されること、人が持つ性への忌避感の正体は幼い子供の意識の害の発生を防ぐための感覚と考えられます。

忌避する必要性のない成人のみの場でもこの忌避感が生じるのは、この忌避感が刷込まれきっているのと、そこで忌避感をなくせば社会的に必要な忌避感を持ち合わせないという認識が周囲から向けられるからです。ですが、忌避感が生じると言っても必要性のない成人のみの場では、性的表現への忌避感が大幅に薄れることとなります。

成人のみの場での性的な行為への忌避感は、少々なら残しておいても問題ありません。その感覚を残すことで、背徳感による快感を味わうことができるからです。しかし、その成人として社会的に必要な忌避感がその目的の領分を大きく外れる忌避感となった時、弊害が生じることとなります。

最も快楽が大きかった私の経験は、幼少期の病的自慰の快楽です。あの心地よさは筆舌に尽くしがたいほどです。そして考えないようにしようとしても、自慰のことばかり考えていました。快楽にはその意識を占領する効果があるということです。強い快楽を感じると、その意識はそのこと以外は考えられなくなります。

何が言いたいかと言えば、それと同じことが夫婦間で行われており、母親の子供に対する関心を外しているのではないかということです。大きい快楽を与えれば、その快楽に関する思考で意識が満たされます。そうしてその快楽を供給してくれる対象への思考で意識が満たされることとなります。それによって親の子に対する関心を遮ることができ、その上夫婦関係も良好となり、子に依存し、愛玩する必要も生じなくなると考えます。子供に生の需要の認識を生じさせないためにも、この夫婦間の大きな快楽をともなう性交が大きな役割を果たすと考えられます。

今記述している性行為の快楽についての考察にも性への忌避感が生じているのであれば、その状態は必要以上の忌避を抱いていると感じます。

性への忌避感の過剰は性行為への積極性を減退させ、快楽による夫婦互いの意識の占領を妨害することとなると考えます。また、夫婦関係が悪化する要因ともなると考えます。これらによって子への依存が生じ、病的干渉、病的認識で意識に不全が生じることとなる危険が生じます。

夫婦間の性生活以外では幼少期からの病的自慰の問題や、二次性徴前の性の経験についての情報の発信を、当人含めた成人となった誰もが忌避してしまうことで、性的経験とそこから生じる問題の防止、改善の情報の広まりを妨げてしまうことが問題となります。現状として書籍もネットもどの情報媒体も、幼少の頃からの自慰に関する情報があまりに少ないです。

性への忌避の本来の目的が子供に病的自慰や早期からの性的経験をさせないようにすることであるので、子供の目についたら、性的情動や興味を煽ったらと考えてしまい、幼少からの自慰の継続の情報を発信することを強く忌避してしまう、その反応は当然です。ですが、その懸念は個人的主観ですが『世論への浸透の必要性』で記したように杞憂であると考えます。

忌避すべきほどに害がある事柄を、その忌避によって知ることも発信することも広めることも妨害し、その害を引き起こすこととなるのではマヌケもいいところです。

既述する内容から誤解されるかもしれませんが、私は性的機能が異常に活発な淫乱というわけではありません。むしろ性的機能はおそらく並み以下です。素人童貞というのは最初の自己紹介で記した通りです。その経験でも十五分という短時間であったとはいえ大して興奮せず、挿入しても射精できませんでした。

『並列的矯正』で既述した勃起、性的情動、思考を否定し続けることで、性的行為や性的情動を発生させる際にそれを抑える思考、想像、妄想が起こるようになり、性機能を減退させようとします。それが高校からの並列的矯正の強化によって強まって妄想を生じさせ、性機能を強く減退させます。

今、私は二十代後半であるにもかかわらず勃起しても中学のような硬さはなく、自慰だからかもしれませんが一度出せば二回戦に至らず、それで満足してしまいます。性的機能が完全に不能となっているというわけではないにしろ、強いとも活発とも言えないと考えます。

社会への参加

ここでは私と同じ状態の方に対して言葉を投げたいと思います。

他者が私たちを外に出したいというのなら、その望みにこたえて外に出てしまいましょう。私のこれまでのバイト含めた勤め先のうち、大きな企業の一件を除いて、全てで閑古鳥が鳴きました。自分のせいではない、ただの思い上がりと考えましたが、さすがに何件も続くと自分の失敗や同調ができないこと（相手を意識と認識できないこと）など、それらが客足が途絶えさせ、共に働く方たちの意欲を下げていたことがその原因であるとしか思えなくなりました。

決して不真面目に、客足を途絶えさせようという認識で仕事をしていたわけではありません。その勤め先に損失を出さないようにまじめに働いていました。メモを取り、聞き逃す度に聞き返して、できる限り円滑な関係を築くよう努め、自分にできる最善を尽くしました。それでも客足は減っていきました。同調をしない、妄想で意識の機能が減退する。そんな状態で仕事をして周囲に損失を与えないわけがないのです。

私は社会に対して良い感情を持っていません。憎んでいると感じます。認知しようと働きかけもせず、ただひたすらに排斥を続け、反抗すれば危険な対象として扱う。そんな方々と、そんな方々が適応して形成する社会に憎しみを抱くなというほうが無理な話です。私は聖人ではありません。

もし私と同じ経験をして、社会に復讐したいと考えている方がいるのなら、他者を害さないことをすすめます。それは自分が塀の中に入ることとなるというのももちろんですがそれ以上に、復讐の効率を考えると他者を傷つけるのは得策ではないからです。他者を傷つけたとして、地方の放送で取り上げられてそれで終了。あとは塀の中で自由もなく、苦しい暮らしを送らなければならなくなります。社会に復讐するのなら自分が捕まらず、快適に最大限の打撃を与えるべきです。そうでなくては今までの苦しみの採算が取れないし、さらに苦しむことになるだけです。

幸い、塀の中と比べれば快適で、最大限の打撃を与える復讐方法を社会がすすめてくれています。それがまじめに労働することです。故意に社会に損失を与えようとすれば、干されて実質クビのような状態になるのがオチですが、全力で働けば目をつけられても苦しみながらでも就職先にしがみつくことはできます。自分の幸福のために職に就き、勤勉に、自分にとっての最大限の成果をその職場で出すことを心掛けて働けば、案外首になりません。私は全く復讐の意図なく全力で働きました。その結果がことごとく勤め先に閑古鳥を鳴かせるという笑える事態です。ただ真面目に勤勉に働くだけでいいのです。それだけで社会への復讐になります。

病的自慰の無力感もなく、健常な意識で苦汁をなめさせてきた方が幸福となり、苦汁をなめさせられた側が家の中で布団にくるまり、パソコンを眺めて自らに劣等感を感じながら過ごす。そんな不条理は生じさせるべきではありません。労働をしても社会に適応する能力が害されていることで排斥や侮蔑が生じ、苦しむことにはなりますが、それでも家で引きこもっているよりは不快さはマシです。

今更社会にも、それに適応できている方々に対しても情をかける必要などありません。

社会が私たちにすすめるのだから、遠慮なく自己にとっての最善を尽くして会社にも社会にも損失を与え、衰退させてしまえばいいのです。それを一生涯かけて繰り返すことが何より快適で自分に損がない、社会への復讐の方法になります。幸い誰も今私たちを見分けられる方法など確立していません。普通に就職し、普通に働くことができます。面接の前に拒絶されることもありません。実行可能です。少なくとも私は傷つきっぱなしでそのまま泣き寝入りなどしたくないですし、その分を取り返すつもりでしかありません。それにもし損失を与えず適応できたらそれはそれで幸せで、そのまま生きていけば幸福になれると考えます。

印象に振り回されることの害

世間に意識の害を発生させ、それを悪化させる先述の『曖昧な言葉』を広めてきたのは世でいう有力な方、実績があるとされる方です。

有力、偉大、実績があるとされている方の意見に耳を傾けることは簡単どころではありません。その意見を疑うこともなく、理解することもなく、勝手に耳を傾け、採用してしまいます。単純にその方が有力とされていることでその意見が採用に足ると感じ、感覚的に正しい、誤りがないと認識してしまいます。つまりは「何を言っているか」ではなく、「誰が言っているか」という印象で思考も何もなく感覚的に判断してしまいます。

有力でないとされる方、私のような劣等、弱者、愚者と世間から認識される者の意見に耳を傾けることと、採用することとは困難を極めます。信じることなく、理解することもなく、ほぼ自動的に否定し、採用から外し、耳を閉ざすこととなります。理由は単純、その方が弱く、有力でないために正しくない、誤りであると感覚的に認識してしまうからです。

印象を排除しようとしても、しつこくそれはまとわりつき、有力な者の意見を採用するべき、弱者の意見は採用すべきでないと意識にささやき続けます。「誰が言っているか」の印象を意識から排除するように努めて「何を言っているか」のみを捉えて採用を決めるのはとても疲れます。「誰が言っているか」の感覚で決めたほうが、比較にならないほどに楽です。だからこそ誰もが決まって印象に流されます。

印象に流されないためには、誰が言っているかでその意見の正否は決まらないと理解し、意見の内容のみを自分の思考で推し量るようになること、またはその必要性を認識していなくてはなりません。有力感を消し続け、無力感に満ちた私がその必要性を感じているのは本も、周囲も、親も、誰も彼もの言葉が私を改善に導かなかったから、それどころか悪化する要因となるばかりだったからです。私に改善をもたらしたのは自分より有力であるとされる方の意見、すすめる行動、思考ではなく、無力な自己の思考で導いた行動、思考だけでした。

断言します。有力であるとされる方の実績、肩書は、採用すべき言葉に直結しませんし、無力な方の意見は採用すべきでないということもありません。

個性

個性とは否定されてはならない個人の有益な意識の構成要素です。私は否定されます。単に出す成果が低いし、周囲に不快感と不利益を与えるからです。他者は私の意識の不利益をもたらす構成要素を個性であるというのですが、それは否定されている時点で個性ではなく欠点です。

障害とは成果の不足の要因となる、否定されてはならない解消し難い構成要素です。世間で「障害であり個性」と認識されれば、成果が低くてもそれは否定されません。耳が聞こえにくい人間が言葉を聞き取れないと言っても、それは否定されません。それは否定されてはならない構成要素だからです。耳が聞こえにくいと言った時から私の聞き返しへの否定は緩和されました。不自由をもつ方が成果が出せない場合に、不自由による成果の不足が否定されないようにこの認識が常識として働きます。

個性とは各個人に備わっているわけではありません。障害をもつ方だけが個性をもつわけではありません。障害をもたない方も当然個性を持っています。この場合、「個性を持っている障害を持たない方」は成果の不足に対して否定を与えられます。

そこには障害による成果の不足の要因がなく、意志量の不足をもたらした意識の構成要素、怠惰という欠点が否定の対象となります。つまり、障害を持たない方の個性という言葉に関しては、成果の不足による意識の構成要素の否定の停止の効果がありません。こうして成果の不足の際、「障害と個性」ではなく「個性」という言葉のみが適用された場合には、意志量の不足をもたらす欠点、「怠惰」という意識の構成要素への否定が行われます。

問題となるのは障害をもちながら障害をもたないと誤認されている方です。障害をもっているから解消し難い成果の不足の要因があり、意志量を十分以上にかけていても成果が得られません。正常と誤認されている場合、意志量の不足をもたらす欠点への否定が行われますが、それは意志量の不足によるものではありません。結果その意図がなくとも、その障害をもつ方が否定されるのは成果の不足の要因となる、否定されてはならない解消し難い構成要素となります。

個性という言葉は障害をもつ方を否定するための言葉として頻繁に用いられます。障害の内容を話したとしてもそれが個性ということとなれば、障害をもたない方の「個性」と、障害をもつ方の「個性」との認識の混ざりあいが起き、その障害をもつ方は「成果の不足の要因がなく、否定の停止を行う必要がない」、「意志量の不足をもたらす意識の構成要素を否定してよい存在」となります。

「障害とは障害ではなく個性」という広く認知される言葉によって、障害は障害ではない個性であるという定義が障害を持つ方にあてはめられることとなります。それとともに個性の「個人の有益な」、つまり有益性があるという定義による「成果の不足の要因」という障害への該当の否定、該当しないという打消しが生じることで個性のみをもつ者であるという認識となり、その方の成果の否定が可能となります。

そしてその否定されてはならない解消し難い構成要素が否定されることとなります。それを障害と認識しない限り、相手の中ではその方の成果の不足は否定するべき欠点、怠惰によるものでしかありません。そうして否定され続け、精神的負荷を感じ続けます。

所詮は否定すべきでない構成要素など、否定すべきでない構成要素と認識しなければ否定される、すべきとされるものでしかありません。私の生とその経験がそれを証明しています。有益性がない、成果を出すことを妨害する構成要素は個性ではなく障害です。個性を個性として成立させるには、その個性となりうる構成要素がそれによって効率的に利益を発生させることができる状況で用られていなくてはなりません。私の自慰の経験を誰かが個性であると言ったとして、それが個性であるとするのならそれはこの本のような経験、予防、改善策につながる内容を提示できること、それだけです。

この事態を引き起こすのは聖人面で障害と個性の定義を理解せず、障害を持つと認識する苦しみの軽減を目的として個性という言葉を用いる方と、成果の低い方に苛立ち、障害を持つと定義した際に成果の否定が行えなくなるという理由で先述したように個性という言葉を用いる方です。

先述の個性という言葉の扱いは腹には据えかねますが、それは腹に据えかねる程度です。成果の否定は成果の低い私という存在への単なる感情的否定、意志量の不足をもたらす構成要素への否定として行われているわけで、それ以外の構成要素を否定する意図のある否定ではないからです。だからこそ流すことができます。否定されても、その解消し難い構成要素を否定しようとして行っているわけではないと思えるからです。

ですが、その成果の不足を否定する側が、意志量の不足をもたらす構成要素だけではなく、成果の不足をもたらす構成要素を含めた意識そのものをそのまま否定してきた場合と、その意図はなくともその意識そのものへの否定と感じてしまった場合は違います。それは今までの生でできる限りの改善を試みた構成要素、意識が、目の前の私と同じ病的自慰、機能不全と妄想、奇行がないであろう生で形成された意識に否定されたということです。それはこの相手と自分の、今までの生での快と不快には釣り合いが取れていないという想定を生じさせ、その不条理の認識によって憎しみを生じさせます。

六歳以前から成人までの自慰の継続

2023年 3月 2日　　　　　初版発行

著者　　　田井中太
校正協力　森こと美
発行者　　千葉慎也
発行所　　合同会社AmazingAdventure
（東京本社）東京都中央区日本橋3-2-14
新槇町ビル別館第一2階
（発行所）三重県四日市市あかつき台1-2-108
電話　050-3575-2199
E-mail info@amazing-adventure.net
発売元　　星雲社（共同出版社・流通責任出版社）
〒112-0005 東京都文京区水道1-3-30
電話　03-3868-3275
印刷・製本　シナノ書籍印刷

ISBN978-4-434-31678-4　C0010